Mit der ihm eigenen Herzensweisheit, politischen Klugheit und Toleranz erläutert der Dalai Lama in überzeugenden Worten, wodurch sich wahres Mitgefühl auszeichnet und wie wir, die wir ständig mit unseren Alltagssorgen beschäftigt sind, uns dennoch den großen Problemen von Krieg und Vertreibung, Hunger und Rassenhaß, Unterdrückung und Umweltverschmutzung bewußt stellen können.

Wir müssen uns emotional auf den leidenden Mitmenschen einlassen, gleichzeitig aber mit Mut und Wachsamkeit, Geduld und klarem Verstand seine Probleme erkennen und analysieren, um unser Mitgefühl in hilfreiches Handeln umsetzen zu können.

Anhand von überzeugenden Beispielen aus Politik, Gesellschaft, Ökologie, Persönlichkeits- und Bewußtseinsentwicklung zeigt der Dalai Lama zahlreiche Möglichkeiten auf, verantwortungsbewußt, also mitfühlend *und* klug, zu handeln und so dem eigenen Leben Sinn und Bedeutung zu verleihen.

Seine Heiligkeit Tenzin Gyatso, der XIV. Dalai Lama, geb. 1935, ist das geistige und politische Oberhaupt der Tibeter. Seit seiner Flucht aus Tibet vor den chinesischen Besatzern 1959 lebt er im Exil in Dharamsala. Für seinen gewaltlosen Kampf für die Rechte seines Volkes wurde er 1989 mit dem Friedensnobelpreis ausgezeichnet. Er ist der heute wohl weltweit bekannteste und am höchsten geachtete religiöse Führer und Friedensaktivist.

Im Fischer Taschenbuch Verlag sind erschienen: »Die Vier Edlen Wahrheiten« (Bd. 14973); »Was aber ist Glück? Fragen an den Dalai Lama« (Bd. 16085).

Unsere Adresse im Internet: www.fischerverlage.de

Dalai Lama

Mit dem Herzen denken

Mitgefühl und Intelligenz sind
die Basis menschlichen Miteinanders

Aus dem Englischen von
Sabine von Minden

Fischer Taschenbuch Verlag

Dieses Buch beruht auch Vorträgen,
die der Dalai Lama im Mai 1993
in London gehalten hat.

Veröffentlicht im Fischer Taschenbuch Verlag,
einem Unternehmen der S. Fischer Verlag GmbH,
Frankfurt am Main, Februar 2005

Lizenzausgabe mit freundlicher Genehmigung des Scherz Verlags,
Bern, München, Wien für den Otto Wilhelm Barth Verlag
Die englische Originalausgabe erschien unter dem Titel
›The Power of Compassion‹ bei HarperCollins Publishers Ltd.
Einzig berechtigte Übersetzung aus dem Englischen
von Padmakara-Übersetzungen (Sabine von Minden)

Druck und Bindung: C. H. Beck, Nördlingen
Printed in Germany
ISBN 3-596-16457-5

Inhalt

Vorwort

Der Dalai Lama ist Staatsoberhaupt und spiritueller Führer des tibetischen Volkes. Er gilt als *die* überragende buddhistische Autorität unserer Zeit und als Verkörperung von Chenresi, dem Bodhisattva des Mitgefühls.

Als Gelehrter und Botschafter des Friedens bereist Seine Heiligkeit die Welt, nicht nur um die Aufmerksamkeit der internationalen Gemeinschaft auf die unerhörten Leiden des tibetischen Volkes zu lenken, sondern auch um über den Buddhismus und die Macht des Mitgefühls zu sprechen.

Tibet wurde von den Chinesen 1949/50 besetzt, und seit 1959 – nachdem ein tibetischer Volksaufstand gegen die chinesische Fremdherrschaft in Tibet von chinesischen Truppen blutig niedergeschlagen wurde – lebt

Seine Heiligkeit in Dharamsala, Indien, im Exil.

1989 wurde ihm für seinen gewaltlosen Kampf um die Befreiung Tibets der Friedensnobelpreis verliehen. Viele politische und geistliche Führer unserer Welt sind mit dem Dalai Lama zusammengetroffen, um mit ihm ihre Ansichten über Themen wie Intoleranz, Bedrohung der Umwelt, Waffenhandel und die wechselseitige Abhängigkeit der Menschen auszutauschen.

Seine Heiligkeit bezeichnet sich als einen einfachen buddhistischen Mönch. Auf seinen Vortragsreisen entwaffnet er seine Zuhörer mit seiner Unkompliziertheit, seinem Humor und seiner großen menschlichen Wärme. Die Botschaft, die er verkündet, ist immer die gleiche: die Bedeutung von Liebe, Mitgefühl und Versöhnung.

Die Vorträge des Dalai Lama, auf denen dieses Buch beruht, wurden meist in englischer Sprache gehalten, teilweise auch in tibetisch, das wiederum vom offiziellen Dolmetscher Seiner Heiligkeit, Geshe Thupten Jinpa, ins Englische übersetzt wurde.

Kesang Y Takla
Vertreterin S. H. des Dalai Lama in London

I

Zufriedenheit, Freude und ein erfülltes Leben

Ich wurde aufgefordert, darüber zu sprechen, wie man am besten mit bestimmten Situationen des Lebens umgeht. Ich werde mich bemühen, die Dinge in allgemeinverständlicher Weise zu erklären, so daß auch ganz normale Menschen entdecken können, wie sich das eigene Potential in der Auseinandersetzung mit leidvollen Situationen wie Tod und Sterben, aber auch mit Frustrationen, Haß und Wut nutzen läßt.

Ich bin Buddhist und meine geistige Ausbildung fußt auf den buddhistischen Lehren, dem Buddha-Dharma. Ich spreche zwar auf der Grundlage dieser Lehren, werde Ihnen aber meinen Weg nicht als den einzig gangbaren vorschlagen, weil ich es nicht für richtig halte, anderen seine Meinung oder seinen Glauben aufzunötigen. Die Entscheidung liegt völlig bei Ihnen. Sollten Sie in dem, was ich sage, etwas für Sie Nützliches entdecken, können Sie dies für sich allein überprüfen und ausprobieren. Sollte ich Ihnen nichts Verwertbares zu bieten haben, brauchen Sie sich nicht weiter damit zu beschäftigen.

Alle Lebewesen, und ganz besonders wir Menschen, sind von dem Wunsch bewegt, glücklich zu sein und dem Leiden zu entgehen. Dies ist eine Tatsache, die niemand bestreiten wird. Von dieser fundamentalen Gegebenheit ausgehend haben wir jedes Recht auf Glück und auf den Einsatz der verschiedensten Mittel und Wege, um das Leiden abzuwenden und glücklicher zu leben. Bei der Verfolgung dieses Zieles darf jedoch nicht gegen die Rechte anderer verstoßen werden, noch darf daraus verstärktes Leiden für sie hervorgehen. Die positiven und negativen Konsequenzen der verschiedenen Maßnahmen müssen sorgfältig bedacht werden. Man muß wissen, daß zwischen kurz- und langfristigen Interessen und Konsequenzen ein Unterschied besteht und daß im Falle eines Konflikts zwischen beiden die langfristigen Interessen stärker ins Gewicht fallen.

Unsere Erfahrungen und Gefühle stehen gemeinhin in Zusammenhang mit unserem Körper und unserem Geist. Inneres geistiges Glück ist – wie wir aus eigener Erfahrung wissen – etwas sehr Wertvolles. So können zwei Menschen mit der gleichen Art von Tragödie konfrontiert sein, und doch kann der eine dank seiner geistigen Einstellung besser damit fertigwerden.

Ich halte die Vorstellung für falsch, daß sich alle menschlichen Probleme auf technischem oder materiellem Wege lösen lassen. Natürlich ist materieller Komfort äußerst nützlich. Gleichzeitig versteht es sich aber von selbst, daß unsere Probleme dadurch nicht zum Verschwinden gebracht werden. Im Gegenteil, die Konsumgesellschaft bringt verstärkte Frustration und innere Unruhe hervor. Wir Menschen funktionieren eben nicht mechanisch, wir sind nicht mit einem Maschinenprodukt vergleichbar, sondern wir sind lebende Wesen. Denken wir daran, daß wir innere Fähigkeiten und tiefere Werte haben!

Ich glaube, daß ein wirklich glückliches Leben mit inneren und äußeren Mitteln angestrebt werden muß, oder anders gesagt – durch materielle ebenso wie durch geistige Entwicklung. Statt geistig könnte ich auch spirituell sagen, ohne daß ich dabei notwendigerweise an irgendeine Art von religiösem Glauben denke.

Wenn ich hier das Wort «spirituell» gebrauche, meine ich damit die grundlegend guten Eigenschaften der menschlichen Natur: Warmherzigkeit, Verantwortungsgefühl, Aufrichtigkeit, Disziplin und Intelligenz, die von einer positiven Motivation gesteuert wird. All dies ist von Anfang an in uns angelegt und stellt sich nicht etwa erst im Laufe unseres Lebens ein. Der religiöse Glaube allerdings kommt erst später. Der Glaube hat, wie ich meine, zwei verschiedene Aspekte: Zum einen wird hier von Gott, dem Allmächtigen oder – was den Buddhismus angeht – vom Nirvana und dem nächsten Leben gesprochen. Zum anderen lehren uns alle Religionen und spirituellen Überlieferungen, gute, warmherzige Menschen zu sein und damit einfach die uns angeborenen guten Eigenschaften zu fördern und zu verstärken.

Wir Menschen haben alle das gleiche Potential, es sei denn unser Gehirn ist auf irgendeine Weise in seiner Funktion gestört. Das erstaunliche menschliche Gehirn ist die Quelle unserer Kraft und unserer Zukunft – vorausgesetzt wir nutzen es in der rechten Weise. Wenn der Geist des Menschen falsch genutzt wird, ist dies ein echtes Unglück. Wir Menschen als die höchstentwickelten Lebewesen dieses Planeten haben die Möglichkeit, nicht nur unser eigenes Leben glücklich zu gestalten, sondern auch anderen Wesen zu helfen. Wir besitzen eine natürliche schöpferische Qualität, und es ist wichtig, daß wir uns dessen bewußt sind.

Ich bin davon überzeugt, daß Verstand und Mitgefühl des Menschen von Natur aus in einem ausgewogenen Verhältnis zueinander stehen. Dieses kann im Menschen manchmal beim Heranwachsen gestört werden, wenn die Betonung zu einseitig auf den Intellekt gelegt wird und Wärme und Zuneigung zu kurz kommen; dann passieren Katastrophen, und es kommt zu unglücklichen Ereignissen. Wenn man sich die verschiedenen Gattungen von Säugetieren ansieht, erkennt man, daß die Natur ein mächtiger, einflußreicher Faktor ist, der überall für ein gewisses Gleichgewicht sorgt.

Wenn wir uns unser Potential bewußt machen und auf unsere Fähigkeiten vertrauen, ist es möglich, eine bessere Welt zu schaffen. Aus persönlichem Erleben weiß ich, wie wichtig Selbstvertrauen ist. Hier geht es nicht um blindes Vertrauen, sondern um ein Gewahrwerden des eigenen Potentials. Im Buddhismus wird dieses uns eigene Potential die Buddha-Natur genannt oder auch das Klare Licht, welches das fundamentale Wesen des Geistes ist. Auf dieser

Grundlage kann der Mensch sich wandeln, indem er seine positiven Eigenschaften stärkt und die negativen Seiten abschwächt. Diese Verwandlung bedeutet keine komplette Veränderung, denn wie könnten wir ohne eine Ausgangsbasis nach dem Guten streben?

Die grundlegende Lehre des Buddha ist die von den Vier Edlen Wahrheiten: Die Wahrheit vom Leiden, die Wahrheit von der Ursache des Leidens, die Wahrheit von der Beendigung des Leidens und die Wahrheit vom Weg, der zur Beendigung des Leidens, zur Befreiung, führt. Das dieser Lehre zugrundeliegende Prinzip ist das universale Gesetz der Kausalität. Um diese grundlegende Lehre zu verstehen, ist es wichtig, dieses eigenen Potentials und der Notwendigkeit, es voll zu nutzen, gewahr zu werden. In diesem Licht gesehen, hat alles, was man tut, eine Bedeutung.

So ist beispielsweise das Lächeln eine ganz wesentliche Ausdrucksform des menschlichen Gesichts. Selbst diese positive Seite unserer Natur können wir jedoch dank unserer Intelligenz in negativer Weise benutzen, indem wir ein sarkastisches oder diplomatisches Lächeln aufsetzen – was lediglich Mißtrauen hervorruft. Ein aufrichtiges, freundliches Lächeln spielt im alltäglichen Leben eine große Rolle.

Wie man es hervorruft, hängt zum guten Teil von der eigenen Einstellung ab. Man kann nicht von anderen erwarten, daß sie einem zulächeln, wenn man es selbst nicht tut. Sehr vieles hängt ganz eindeutig vom eigenen Verhalten ab.

Wenden wir uns nun unserer Motivation und geistigen Einstellung zu! Wie bereits erwähnt, enthält eine Möglichkeit, aus der etwas Positives entstehen kann, gleichzeitig auch ein Potential zu etwas Negativem. Dabei kommt es darauf an, unsere Intelligenz und Urteilskraft zu benutzen und den Gewinn an langfristigem und kurzfristigem Glück zu bedenken. Bis zu einem gewissen Grad ist unser Körper selbst ein guter Indikator.

Wenn Ihnen zum Beispiel ein Nahrungsmittel einmal schlecht bekommen ist, werden Sie von da an auf diese Art von Nahrung verzichten. Offensichtlich weiß der Körper auf einer bestimmten Stufe, was für unser Wohlgefühl und Gluck bekömmlich ist. So haben wir an manchen Tagen Lust auf grünen Salat und Gemüse, während wir an anderen Tagen etwas ganz anderes essen möchten. Dies sind gewissermaßen Signale unseres Körpers, die uns anzeigen, was uns im Augenblick gut tut bzw. schadet.

Wenn unser Körper beispielsweise mehr Flüssigkeit braucht, bekommen wir Durst – eine klare Sache. Manchmal aber können die Signale, die unser Körper gibt, auch verwirrend sein. In solchen Augenblicken ist die menschliche Intelligenz aufgerufen, die Entscheidung darüber zu treffen, was das beste ist. Ihre Intelligenz könnte dann Ihren momentanen Wünschen entgegentreten, weil sie deren langfristige Folgen voraussieht. Ihr fällt also die Rolle zu, das positive oder negative Potential von Vorgängen oder Umständen und deren positive oder negative Resultate zu erkennen.

Wenn wir nach innen, in unseren Geist schauen, entdecken wir vieles, was sowohl gute wie schlechte Seiten haben kann. Beispielsweise ähneln sich Selbstvertrauen und Hochmut oder Arroganz, und zwar in dem Sinn, daß es sich um geistige Zustände handelt, die uns Auftrieb und einen gewissen Grad von Zuversicht und Schwung verleihen. Während Hochmut jedoch zu negativen Folgen führt, hat Selbstvertrauen eher positive Konsequenzen. Ich pflege gewöhnlich zwei Arten von Ego zu unterscheiden. Eines ist nur an sich selbst interessiert, ohne an die Rechte anderer Wesen zu denken, es benutzt sie im Gegenteil für seine eigenen Bedürfnisse. Dies ist das negative Ego.

Das andere sagt sich: «Ich möchte ein guter Mensch sein. Ich muß dienen und helfen. Ich muß volle Verantwortung übernehmen.» Dieses kraftvolle Ich-Gefühl widersteht manchen unserer negativen Emotionen. Solange man kein starkes Gefühl von Selbstvertrauen hat, das auf einem starken Selbst basiert, ist es sehr schwierig, die negativen Emotionen zu bekämpfen. Es gibt also zweierlei Typen von Ego; Weisheit oder Intelligenz können sie unterscheiden. In gleicher Weise müssen wir echte Bescheidenheit und mangelndes Selbstvertrauen auseinanderhalten. Sie sind leicht zu verwechseln, weil beide eher dämpfende geistige Zustände sind. Der eine ist positiv zu bewerten, der andere hingegen negativ.

Liebende Herzensgüte und Mitgefühl auf der einen und starkes Verhaftetsein auf der anderen Seite sind ein weiteres Beispiel. Beides hat mit einem Objekt der Zuneigung zu tun, doch starkes Verhaftetsein hat negative Folgen, während sich Liebe und Mitgefühl positiv auswirken. Zwei ähnliche geistige Zustände können also zu ganz verschiedenen Ergebnissen führen.

Mit dem Verlangen ist es das gleiche. Es gibt ein Verlangen, das positiv, und ein anderes, das negativ ist. Mit den rechten Beweggründen halte ich es für positiv, ohne diese ist es negativ und kann zu Problemen führen. Verlangen ist der Hauptantrieb zur Erlangung momentanen und zukünftigen Glücks. Befreiung oder Erleuchtung läßt sich im Buddhismus nur mit Hilfe einer gewissen Art von Verlangen erreichen. Der Mahayana-Buddhismus nennt zweierlei Verlangen oder Begehren. Das erste ist der Wunsch, allen Lebewesen nützlich zu sein, und das zweite besteht darin, zu diesem Zweck den Zustand der Erleuchtung ganz und gar verwirklichen zu wollen. Ohne diese zwei Bestrebungen ist Buddhaschaft nicht möglich. Doch aus Verlangen kann auch Negatives erwachsen. Das Gegenmittel für dieses schädliche Verlangen ist Zufriedenheit. Zwischen zwei Extremen ist der Mittelweg immer der richtige; wenn Ihr Verlangen Sie also zu einem Extrem treibt, liegt es an Ihrer Intelligenz, aufzupassen und Sie wieder zurück zur Mitte zu führen.

Zufriedenheit ist die Voraussetzung für Glück. Zwar sind auch körperliche Gesundheit, materieller Wohlstand, Gefährten und gute Freunde wichtige Faktoren. Doch Zufriedenheit ist der Schlüssel für das, was wir aus diesen Faktoren herausholen.

Was den Körper angeht, so läßt sich feststellen, daß durch ein zu großes Anhaften Probleme entstehen können. Aus diesem Grund betrachtet man in der buddhistischen Geistesschulung den Körper von einem ganz anderen Blickwinkel her und versucht, seine Natur zu analysieren. Mir hilft dies sehr. Ich denke darüber nach, woher mein Körper kommt, und reflektiere das Wesen von Blut, Fleisch und Knochen. Der Körper ist nichts Reines. Schon der Geburtsvorgang ist blutig. Und egal, wie anziehend und gepflegt er von außen wirkt, innen gibt es eine Menge nicht so sauberer Dinge! Von der Haut verhüllt kann er manchmal sehr schön sein, doch schaut man ihn sich näher an, dann ist dieser Körper wirklich abscheulich. Auch wenn man noch so hübsch angerichtete, gut riechende und wohlschmekkende Dinge ißt, so läßt sich nicht verhindern, daß sie im Körper zu etwas Unappetitlichem werden. Ohne diese schmutzigen Aspekte des Körpers gibt es kein Überleben. Dies gilt keineswegs nur für andere, sondern genauso für unseren eigenen Körper! Was noch wichtiger ist: Unseres Körpers wegen kennen wir Krankheit, Alter, Schmerz und Tod. Und doch ist er, all diesen Mängeln zum Trotz, aufgrund der Intelligenz, die man im Dienste vieler großer Werke nutzen kann, sehr kostbar und wertvoll.

Es ist also hilfreich, wenn unser Haften am Körper zu sehr überhandnimmt, über seine unreinen Aspekte zu meditieren und insbesondere über seine Herkunft, seine Komponenten und Funktionen nachzudenken, damit unsere Einstellung zu ihm realistischer und gelassener wird.

Wenn unsere Einstellung zu materiellem Besitz und Reichtum nicht stimmt, kann dies zu extremem Haften an unserem Eigentum, unserem Haus, den persönlichen Dingen führen. Daraus wird dann leicht das Unvermögen, zufrieden zu sein, und wenn dies der Fall ist, hat man ein ständiges Gefühl des Frustriertseins. In gewisser Weise ist man dann wirklich arm, denn das Leiden der Armut ist das Leiden, etwas haben zu wollen und den Mangel zu empfinden, es nicht zu haben. Mit dieser Armutsmentalität wird man – obwohl man möglicherweise schwerreich ist – immer ein Mangelgefühl haben und nach mehr verlangen.

Auf der anderen Seite sind materielle Güter für das Funktionieren unserer Gesellschaft von entscheidender Bedeutung, denn die Entwicklung materiellen Wohlstands der einzelnen trägt in gewisser Weise zum Wohl der Allgemeinheit bei. Dazu bedarf es, was ich einen gesunden Wettstreit nennen würde, ohne den es wahrscheinlich keinen richtigen Fortschritt und keine materielle Entwicklung gäbe. Man muß sich nur im klaren über die Art dieses Wettstreits sein. Es muß sich um eine Art von freundschaftlichem Konkurrieren handeln, das nicht auf die Vernichtung von Rivalen oder andere Menschen abzielt, sondern mehr im Sinne eines stimulierenden Faktors für Wachstum und Fortschritt wirkt.

Zu dieser Notwendigkeit eines Wettbewerbs im Dienste des materiellen Fortschritts gibt es im Buddhismus eine Parallele in bezug auf die spirituelle Entwicklung. Das Fundament des buddhistischen Weges besteht darin, Zuflucht zu den Drei Kostbarkeiten zu nehmen, zum Buddha, zum Dharma (der Lehre) und zum Sangha (der spirituellen Gemeinschaft). Mit dem Buddha als einem vollkommen erleuchteten Wesen ist ein Konkurrieren kaum möglich. Zwar kann Sie das Beispiel des Buddha inspirieren, doch messen können Sie sich nicht mit ihm. Im Sangha aber finden Sie sicherlich Gefährten, die noch am Anfang ihres Weges zur Erleuchtung stehen. Wenn Sie über den Sangha nachdenken, können Sie ein Gefühl der Ermutigung empfinden. Sie fühlen, daß Sie mit andern mithalten können. Dies ist ein gesundes Konkurrieren. Sie können dem Beispiel jener, die Ihnen voraus sind, in der Zuversicht nacheifern, deren Stand zu erreichen.

Die Objekte unseres Vergnügens, Verlangens und materiellen Wohls werden in der buddhistischen Literatur in fünf Kategorien eingeteilt: Form, Klang, Geruch, Geschmack, Gefühl. Ob uns aus diesen Objekten unseres Verlangens Glück und Befriedigung oder aber Leiden und Unzufriedenheit entstehen, hängt weitgehend davon ab, wie wir unsere Intelligenz anwenden.

Auch unsere Beziehung zu Freunden und Gefährten weist verschiedene Möglichkeiten auf. Die eine Form des Umgangs mit ihnen kann zu zusätzlichem Leiden und Frustration führen, eine andere dagegen zu Befriedigung, Bereicherung und Glück. Auch hier hängt alles vom Einsatz unserer Intelligenz ab.

Sexualität ist ein weiteres wichtiges Thema. Sie ist Teil der Natur, ohne sie gäbe es die Menschheit nicht – das ist unbestritten. Wenn man aber in ein Extrem verfällt, in eine Art von blinder Verliebtheit, entstehen daraus oft Leid und noch mehr Unglück. Ich denke, daß der Hauptsinn der sexuellen Beziehungen Kinder sind, frische, schöne Babys! Man sollte nicht einfach nur die sexuelle Lust suchen, sondern auch einen Sinn für Verantwortung, einen Sinn für Verpflichtung haben. Wenn wir uns andere Gattungen von Lebewesen anschauen, finde ich einige wirklich bewundernswert. So gründet sich beispielsweise bei manchen Vögeln wie den Schwänen die Beziehung völlig auf den Verantwortungssinn, und das Paar bleibt ein Leben lang zusammen. Dies ist wirklich etwas Wunderbares! Andere Tiere wie beispielsweise Hunde haben diesen Sinn für Verantwortung nicht, sie überlassen sich einfach ihrem Vergnügen am sexuellen Akt, und die Hundemutter bleibt dann mit der Verantwortung für die Jungen allein. Ich finde das wirklich schrecklich!

Als menschliches Wesen gehorchen wir den Gesetzen der Natur, doch zivilisierte sexuelle Beziehungen sollten nicht nur auf die vorübergehende Befriedigung gerichtet sein. Es ist kurzsichtig, keinen Sinn für Verantwortung zu haben. Natürlich kann ich zu den Fragen, die mir des öfteren über die Ehe gestellt werden, nicht aus eigener Erfahrung Stellung nehmen, über eines aber bin ich mir sicher: Übereilt eine Ehe einzugehen ist gefährlich. Man braucht unbedingt am Anfang eine gewisse Zeit, um sich gegenseitig kennenzulernen, und erst danach, wenn man echtes Vertrauen hat, daß man auch wirklich zusammen leben kann, sollte man heiraten.

In unserer heutigen Zeit gibt es in vielen Ehen Probleme. Einer der Gründe dafür liegt in einer zu starken Betonung der sexuellen Freiheit. Dazu kommt, daß unsere Kultur sexuelle Themen zu stark in den Vordergrund stellt, was ich nicht für gut halte. Wenn man jedoch zwischen Sex und Gewalt wählen könnte, dann ist Sex immer noch das bessere. Doch oft zieht Sex Gewalt nach sich. Tatsächlich hat beides sehr viel miteinander zu tun.

Obgleich Kinder das Wichtigste im Familienleben sind, kommt der Geburtenkontrolle allergrößte Bedeutung zu. Für den Buddhismus ist jedes einzelne Leben überaus kostbar. Von diesem Standpunkt aus betrachtet, ist die Geburtenkontrolle natürlich nichts Gutes. Aber die Weltbevölkerung wächst einfach zu stark. Wenn alle Ressourcen der Erde richtig genutzt würden, könnten vielleicht fünf Milliarden Menschen ernährt werden. Nach Meinung einiger Wissenschaftler wären zwei oder drei weitere Milliarden Menschen allenfalls noch akzeptabel. Ich halte eine geringere Bevölkerungszahl jedoch für besser, das wäre friedlicher und erfreulicher für alle. In diesem Sinne wird die Einsicht zwingend, daß eine Geburtenkontrolle zum Wohl der Menschheit unerläßlich ist.

Ich wiederhole: Unser Verhalten im Alltag gibt den Ausschlag darüber, ob all die vorteilhaften Umstände und Bedingungen, die uns gegeben sind, wirklich echte, dauerhafte Befriedigung gewähren oder nicht. Hierfür kommt es sehr auf unsere Einstellung an, und diese wird hauptsächlich durch unsere Motivation bestimmt.

Das menschliche Leben gilt im Buddhismus als eine günstige Form der Existenz oder Wiedergeburt. Zu dieser kann noch eine Reihe von zusätzlich begünstigenden Faktoren hinzukommen wie ein langes Leben, gute Gesundheit, materieller Wohlstand und eine gewisse Redegewandtheit, um andere auf hilfreiche Art und Weise ansprechen zu können. Ob diese Bedingungen zu einer heilsameren oder aber zu einer schädlichen Lebensweise beitragen, hängt jedoch wie gesagt davon ab, wie wir sie uns zunutze machen und ob wir unsere Intelligenz einsetzen oder nicht.

An dieser Stelle kommt in den buddhistischen Texten das Praktizieren der Sechs Vollkommenheiten oder Paramitas ins Spiel: Großzügigkeit und Freigebigkeit gelten im Buddhismus als Ursachen für materiellen Wohlstand. Doch um Großzügigkeit und Freigebigkeit richtig zu praktizieren, muß man zu allererst eine fundierte ethische Disziplin, eine bestimmte Art von Anschauung und Grundsätzen haben. Diese können sich nur dann entwickeln, wenn man imstande ist, Härten und Widrigkeiten, denen man begegnet, mit Geduld zu ertragen, wozu eine gewisse Energie oder freudige Tatkraft nötig ist. Dazu benötigt man die Fähigkeit, sich auf Ereignisse, Taten und Ziele zu konzentrieren. Diese wiederum hängt von der vorhandenen Urteilskraft ab, zwischen Heilsamem und Schädlichem zu unterscheiden. Alle Sechs Vollkommenheiten haben also in gewisser Weise mit dem Erlangen auch nur eines einzigen dieser günstigen Umstände, hier in unserem Beispiel dem des materiellen Wohlstands, zu tun.

Wie nun werden diese in der Übung der Sechs Vollkommenheiten festgelegten Prinzipien auf unseren Lebensalltag übertragen? Der Buddhismus empfiehlt das Einhalten der Zehn Regeln, oder Vermeiden der Zehn negativen Verhaltensweisen. Unter diesen negativen Verhaltensweisen steht jene, die «falsche Sicht» oder auch «verkehrte Ansichten» genannt wird, mehr mit einem religiösen Glauben in Zusammenhang. Alle anderen werden ungeachtet ihres jeweiligen religiösen Hintergrunds als negativ oder verwerflich betrachtet.

Kurz: Durch rechtes Verhalten wird das Leben sinnvoller, konstruktiver und friedlicher.

2

Den Tod annehmen und in innerem Frieden sterben

Es ist sehr schwierig, dem Tod auf friedvolle Weise zu begegnen. Normalerweise scheint es zwei Wege zu geben, um mit dem Problem und dem Leiden umzugehen. Man kann versuchen, das Problem ganz einfach zu vermeiden und zu verdrängen, obwohl es damit nicht aus der Welt geschafft oder verringert wird. Oder man stellt sich diesem Thema, analysiert es, macht sich mit ihm vertraut und erkennt die Tatsache an, daß Tod und Sterben zum Leben gehören.

Über das Thema Körper und Krankheit habe ich bereits kurz gesprochen. Krankheit kommt vor. Sie ist nichts Außergewöhnliches, sondern etwas Natürliches, ein Faktum in unserem Leben. Gewiß haben wir jedes Recht, Krankheit und Schmerz aus dem Weg zu gehen, wenn uns aber trotz unserer diesbezüglichen Anstrengungen eine Krankheit befällt, ist es besser, sie zu akzeptieren. Während man sie mit allen Mitteln so schnell wie möglich zu kurieren sucht, darf sie nicht zu einer zusätzlichen und unnötigen geistigen Belastung werden. Der große indische Gelehrte Shantideva sagt dazu: «Wenn es die Möglichkeit gibt, ein Leiden zu heilen, ist es unnötig, sich Sorgen zu machen. Wenn es keine Möglichkeit gibt, ein Leiden zu heilen, ist es sinnlos, sich Sorgen zu machen.» Eine rationale Einstellung wie diese ist sehr hilfreich.

Nun möchte ich zu Ihnen über den Tod sprechen. Er gehört zu unserem Leben und tritt ein, ob wir wollen oder nicht. Anstatt den Gedanken an den Tod aus unserem Denken zu verbannen, wäre es besser, seinen Sinn zu verstehen. In den Fernsehnachrichten werden wir häufig mit Mord und Tod konfrontiert, doch viele Leute scheinen zu glauben, daß er nur die anderen trifft, nicht einen selbst! Dies stimmt nicht. Wir haben alle den gleichen Körper, das gleiche Fleisch und werden deshalb alle sterben. Es ist natürlich ein großer Unterschied zwischen einem natürlichen Tod und einem Tod durch einen Unglücksfall, doch früher oder später wird er unvermeidlich eintreten.

Wenn Sie von Anfang an die Einstellung haben, «Ja, der Tod gehört zu unserem Leben», werden Sie ihn wahrscheinlich leichter akzeptieren.

Es ist viel hilfreicher, den Tod nicht zu verdrängen, sondern dieser Tatsache ins Gesicht zu blicken, sich ihrer bewußt zu sein. Bei manchen Problemen kann man vielleicht sein Leiden und seine Angst tatsächlich durch eine bestimmte Einstellung bis zu einem gewissen Grad eindämmen. Es kann aber Situationen geben, wo dies nicht gelingt; das Leiden läßt sich nicht verdrängen, man muß sich mit ihm auseinandersetzen.

In der Auseinandersetzung mit den Widrigkeiten des Lebens gibt es zwei Möglichkeiten: Man kann mit Unruhe, Angst, Zweifel, Frustration und am Ende mit Depression reagieren – schlimmstenfalls sogar mit Selbstmord. Die andere Möglichkeit besteht darin, aufgrund der schmerzhaften Erfahrung realistischer zu werden, der Wirklichkeit näher zu kommen. Die Auseinandersetzung mit Ihrem Unglück kann Sie stärker machen und Ihnen mehr Selbstvertrauen geben. Aus einem schmerzlichen Ereignis wird eine Quelle innerer Kraft.

Ob wir in diesem Leben und in der Zukunft erfolgreich sind, hängt von unserer Motivation und unserem Selbstvertrauen ab. Sehen Sie sich Menschen an, die von klein auf alles gehabt haben. Sie lassen schnell den Mut sinken und sind verstört, wenn ihnen kleine Widrigkeiten begegnen. Andere, wie die Generation, die den Zweiten Weltkrieg miterlebt hat, sind als Resultat ihrer schwierigen Vergangenheit geistig viel widerstandsfähiger. Ich denke, daß derjenige, der schon viele Widrigkeiten erfahren hat, angesichts von Problemen standhafter und stärker ist als jemand, der solche Leiden nie durchlebt hat. Von diesem Standpunkt aus betrachtet kann Leiden eine wertvolle Lektion in unserem Leben sein.

Macht man sich mit dieser Einstellung nur etwas vor? Was meine Person angeht, so habe ich meine Heimat verloren, und – was weitaus schlimmer ist – Tibet hat Zerstörung, Unfreiheit, Leid und Unglück erfahren. Einen Großteil meines Lebens, meine besten Jahre, war ich gezwungen, außerhalb meines Heimatlandes zu verbringen. Daran läßt sich kaum etwas Positives entdecken. Doch aus einer anderen Perspektive betrachtet, habe ich durch diese leidvollen Ereignisse eine andere Art von Freiheit gefunden: die Freiheit, den verschiedensten Menschen aus den verschiedensten Religionen und Wissenschaftlern aus den unterschiedlichsten Bereichen begegnen zu können. Durch diese Begegnungen ist mein Leben reicher geworden, und ich konnte viel Wissenswertes lernen. Meine tragischen Erfahrungen haben also auch eine wertvolle, positive Seite.

Wenn wir unseren Problemen diese andere Seite abgewinnen können, wird die Last leichter zu tragen sein und unsere Frustration verringert sich. Vom buddhistischen Standpunkt aus hat jedes Ereignis viele, viele Aspekte und kann aus den unterschiedlichsten Blickwinkeln gesehen werden. Fast nie hat ein Ereignis nur negative Seiten.

Aus diesem Grunde ist es nützlich, das, was uns wiederfährt, aus verschiedenen Perspektiven zu betrachten, um auf diese Weise die positiven oder nützlichen Aspekte zu entdekken. Darüber hinaus ist es sehr hilfreich, unser Problem sofort mit dem zu vergleichen, was anderen Menschen oder Völkern zustößt. Das wird uns helfen, unsere innere Ruhe und Gelassenheit zu bewahren.

Im Folgenden will ich nun in meiner Eigenschaft als buddhistischer Mönch über den Tod sprechen. Die erste der von Buddha gelehrten Vier Edlen Wahrheiten ist die Wahrheit vom Leiden. Sie ist in Verbindung mit drei Merkmalen des Daseins zu sehen, von denen das erste die Vergänglichkeit ist. Wenn wir von Vergänglichkeit sprechen, denken wir dabei an zwei Ebenen. Eine grobe, die offenkundig ist und in der Beendigung der Dauer eines Lebens oder Ereignisses besteht. Doch die in den Vier Edlen Wahrheiten gelehrte Vergänglichkeit hat einen subtileren Aspekt: die unbeständige Natur des Daseins.

Buddhas Lehre über die Unbeständigkeit als Merkmal des Existierenden hat zum Ziel, uns dessen fundamental unbefriedigende Natur erkennen zu lassen. Die Natur der Unbeständigkeit oder Vergänglichkeit zu verstehen, heißt verstehen, daß alles als Resultat von Ursachen und Bedingungen Entstandene für seine Existenz einzig und allein von Ursachen und Bedingungen abhängt. Und nicht nur das, dieselben Ursachen und Bedingungen, die das Entstehen hervorgerufen haben, sind auch für das Vergehen verantwortlich. Der Same für die Ursache der Ereignisse trägt den Samen für ihre Auflösung in sich. In bezug auf die Vergänglichkeit unserer eigenen Aggregate, von Körper und Geist, ist die Ursache unser unwissender Geisteszustand. Er ist die Wurzel unseres Daseins, und dies bedeutet, daß unsere physische Existenz sehr stark unter der Herrschaft der Unwissenheit steht. (Die fünf Aggregate oder Skandhas sind: Form, Empfindung, Bewertung, Willensregung, Bewußtsein.)

Indem man zuerst über die gröberen Ebenen der Unbeständigkeit nachdenkt, kommt man allmählich dazu, die subtileren zu verstehen. Dieses Verständnis versetzt uns in die Lage, unser Festhalten an der Vorstellung einer dauerhaften, ewigen Existenz des Selbst zu erkennen und ihm entgegenzusteuern. Als Folge davon fällt uns die Einsicht leichter, daß es von höchstem Wert ist, für zukünftige Leben zu arbeiten.

In der religiösen Praxis des Buddhismus ist es unter anderem deshalb so wichtig, sich fortwährend des Todes und der Unbeständigkeit bewußt zu sein, weil die geistige Verfassung, in der man stirbt, als ganz entscheidend dafür angesehen wird, welche Form der Wiedergeburt man annimmt. Ob man mit positiven oder negativen Gedanken stirbt, hat eine große Auswirkung.

Das Gewahrsein der Unbeständigkeit soll hauptsächlich deshalb geübt werden, um den Augenblick des Todes in einer heilsamen und positiven Geistesverfassung bestehen zu können und sich einer guten Wiedergeburt zu versichern. Es hat aber noch andere Vorzüge. Durch ein ständiges Gewahrsein des Todes wird man so auf ihn vorbereitet, daß man das Bewußtsein nicht verliert, wenn er tatsächlich eintritt.

Besonders im tantrischen Buddhismus gilt der Zustand des Geistes im Sterbevorgang als äußerst subtil, und wegen der Subtilität dieser Bewußtseinsebene hat er eine gewaltige Auswirkung auf das geistige Kontinuum. In den tantrischen Übungen wird große Betonung auf die verschiedenen Meditationen über den Tod und den Prozeß des Sterbens gelegt, nicht nur damit der Übende im entscheidenden Augenblick seine geistige Klarheit wahren kann, sondern auch, um ihn in die Lage zu versetzen, diesen subtilen Bewußtseinszustand zur Verwirklichung des Weges zu nutzen.

Aus diesem Grund gibt es tantrische Meditationsübungen, die «Gottheiten-Meditationen» genannt werden. In diesen Meditationen wird über eine Gottheit, über den Auflösungsprozeß und über die Auflösung der Elemente, die der Sterbende erlebt, meditiert. Die tantrische Sichtweise gliedert den gesamten Ablauf der Existenz in drei Stadien: Tod, Zwischenzustand oder Bardo und Wiedergeburt. All diese Stadien sind Zustände oder Manifestationen des Bewußtseins und der mit ihm verbundenen Energien und Triebkräfte. Zwischenzustand und Wiedergeburt stellen also nichts anderes als verschiedene Ebenen des subtilen Bewußtseins und seiner Energie dar. Ein Beispiel dieser sich abwechselnden Zustände findet sich in unserem 24-Stunden-Zyklus von Tiefschlaf, Träumen und Wachsein. Unser tägliches Leben wird in der Tat durch diese drei Stadien charakterisiert.

Wenn in den tantrischen Schriften zwischen den subtilen und groben Ebenen des Bewußtseins und Geistes unterschieden wird, muß man zuallererst genau wissen, was mit diesem Bewußtsein gemeint ist. Bei der Erwähnung der sechs Bewußtseinsarten entsteht oft der Eindruck, als ob es sich um eine Art autonomes Bewußtsein handelte, das völlig von den körperlichen Gegebenheiten unabhängig ist und in gewisser Weise das Gegenstück zur Seele darstellt. Dies wäre ein Mißverständnis. Meiner persönlichen Meinung nach würden wir bei einer Erforschung unseres Innenlebens entdekken, daß unsere geistige Verfassung und unsere mentalen Funktionen zum größten Teil physisch bedingt sind. Nicht nur die verschiedenen Arten von Sinnesbewußtsein, sondern auch viel von dem, was wir mentales Bewußtsein nennen, hat physiologische Grundlagen und ist aufs innigste mit der körperlichen Verfassung verbunden. Gehirn und Nervensystem sind, wie die Wissenschaft feststellt, die physiologische Basis für den Großteil unserer Bewußtseinserfahrungen. Wenn also die körperliche Basis aufhört zu bestehen, hören diese mentalen Funktionen ebenfalls auf.

Die Frage aber ist: Was macht es möglich, daß physische Substanzen oder physiologische Gegebenheiten einen mentalen Vorgang oder einen Zustand des Gewahrseins hervorbringen? Im Buddhismus, insbesondere im Tantrismus, wird diese Frage mit dem Hinweis auf jenen subtilen Zustand beantwortet, der als Klares Licht bezeichnet wird. Dieser kann als von einer physiologischen Grundlage unabhängig angesehen werden. Er ist die subtilste Bewußtseinsebene und bringt, wenn er in Interaktion mit der physiologischen Basis ist, all unsere kognitiven Erfahrungen und Bewußtseinsvorgänge hervor.

Auf diesen Zustand des Klaren Lichts weisen bestimmte Anzeichen hin, Vorkommnisse, die im allgemeinen eher bei Dharma-Praktizierenden auftreten. Innerhalb der tibetischen Gemeinschaft im Exil hat es solche Anzeichen gegeben, wie bei meinem eigenen Lehrer,

Kyabje Ling Rinpoche. Obwohl er klinisch tot und der Gehirntod bereits eingetreten war, blieb sein Körper dreizehn Tage lang frisch und unverwest.

Nun muß es dafür sicherlich eine Erklärung geben. Der Buddhismus erklärt dieses Phänomen damit, daß die Verbindung zwischen Körper und Geist zwar auf der gröberen Ebene zu bestehen aufgehört hat, nicht aber auf der subtilen Ebene. Der Betreffende befindet sich immer noch im Prozeß des Sterbens und ist noch nicht wirklich tot. Einem tantrischen Text – dem *Guhyasamaja Tantra* – zufolge findet während des Sterbevorgangs ein Auflösungsprozeß statt. Nach der Auflösung in den Zustand des Klaren Lichts setzt ein umgekehrter Zyklus ein, und wenn dieser ein bestimmtes Stadium erreicht hat, fängt wieder ein neues Leben an, die Wiedergeburt. Dieses neue Leben währt eine gewisse Zeit lang, und dann geht man wieder durch den Prozeß der Auflösung. In gewisser Weise liegt der Tod an einem Wendepunkt, an dem sich die Elemente in das Klare Licht auflösen und aus ihm in einer anderen Form wieder entstehen.

Die Auflösung der Elemente, aus denen sich der Körper zusammensetzt, erfolgt in verschiedenen Stufen mit jeweils charakteristischen

Anzeichen. Wenn sich beispielsweise die Elemente auf der gröberen Ebene auflösen, treten dafür innere und äußere Zeichen auf. Wenn die subtilen Elemente an der Reihe sind, erscheinen nur innere Zeichen, Visionen und ähnliches. Unter Wissenschaftlern, die sich mit dem Phänomen des Todes beschäftigen, gibt es ein zunehmendes Interesse an der Beschreibung dieses Auflösungsprozesses, und ich halte es als Buddhist für sehr wichtig, über die laufenden wissenschaftlichen Forschungsprojekte Bescheid zu wissen. Wir müssen jedoch trennen können zwischen Phänomenen, die jenseits der Überprüfbarkeit durch gegenwärtige wissenschaftliche Methoden bleiben, und solchen, die man als wissenschaftlich widerlegbar ansehen kann. Sollte ein Phänomen mit wissenschaftlichen Untersuchungsmethoden widerlegt werden, müssen wir als Buddhisten die Schlußfolgerung respektieren.

Wenn der Gedanke an den Tod Ihnen vertraut wird, wenn Sie eine gewisse Kenntnis des Sterbevorgangs erworben haben und seine äußerlichen und inneren Anzeichen erkennen können, sind Sie auf ihn vorbereitet. Was mich selbst angeht, bin ich noch nicht sicher, ob ich im Augenblick des Todes all die Übungen auch wirklich anwende, mit denen ich mich vorbereitet habe. Niemand kann mir das garantieren! Trotzdem empfinde ich manchmal, wenn ich an den Tod denke, fast so etwas wie Aufregung. Statt Angst befällt mich eher ein Gefühl der Neugier, und dies macht mir den Gedanken an den Tod wesentlich leichter. Ich bin neugierig, inwieweit es mir gelingen wird, meine Übungen anzuwenden. Sollte ich heute sterben, wäre mein großer Kummer natürlich die Frage, was aus Tibet, aus der tibetischen Kultur, aus den Rechten der sechs Millionen Tibeter werden wird. Dies ist meine Hauptsorge. Ansonsten habe ich sehr wenig Angst vor dem Tod. Wer weiß, vielleicht habe ich eine Art von blindem Vertrauen! In meiner täglichen Gebetspraxis visualisiere ich acht verschiedene Gottheiten und acht verschiedene Tode. Vielleicht versagen alle meine Vorbereitungen, wenn es so weit ist! Ich hoffe nicht!

Wie dem auch sei, in der Auseinandersetzung mit dem Tod scheint mir dieser Weg hilfreich. Auch wenn es kein nächstes Leben gibt, ist er doch insofern nützlich, als er die Angst mindert. Und mit weniger Angst ist man besser vorbereitet. Wenn man unvorbereitet in eine Schlacht geht, ist die Aussicht groß, sie zu verlieren. Mit der entsprechenden Vorbereitung erleichtert man sich die Verteidigung. Wenn Sie sich gut vorbereitet haben, werden Sie also in einem Zustand des inneren Friedens sterben können. Dieser innere Frieden ist die Voraussetzung zum Erzeugen der richtigen Motivation, die eine gute Wiedergeburt garantiert, ein besseres nächstes Leben.

Im Buddhismus wird das, was nach dem Tod auf uns wartet, als die drei Bereiche der Existenz bezeichnet: der Bereich der Form, der Bereich ohne Form und der Bereich des Verlangens. In den Bereichen der Form und des Verlangens gibt es vor dem Wiedergeborenwerden einen Zwischenzustand, den Bardo. Wenn wir nicht in der Lage sind, die sich uns im Tod bietende Gelegenheit zu nutzen, unsere allersubtilste Bewußtseinsebene in einen Pfad der Weisheit zu transformieren, haben wir im Zwischenzustand immer noch die Möglichkeit dazu. Obwohl die Bewußtseinsebene hier viel gröber ist als im Augenblick des Todes, ist sie doch sehr viel subtiler als zum Zeitpunkt der Wiedergeburt. Und selbst wenn wir auch diese Gelegenheit nicht zu ergreifen imstande sind, ist da die Wiedergeburt und ein neuer Kreislauf...

Die Fähigkeit, die einzigartige Gelegenheit im Augenblick des Todes und danach im Zwischenzustand zu nutzen, muß man sich durch Übung aneignen. Hierfür gibt es im Buddhismus verschiedene meditative Techniken, die man im Traum-, Tiefschlaf- und Wachzustand anwendet.

Um das Gesagte zusammenzufassen: Zum Zeitpunkt des Todes ist eine friedvolle geistige Verfassung das Wichtigste, einerlei ob man an etwas glaubt oder nicht. Auf keinen Fall dürfen zu dieser Zeit Haß, Ärger und ähnliche negative Emotionen entstehen. Auch wenn man an nichts glaubt, wird einem einleuchten, daß es besser ist, in Frieden zu sterben. Es ist viel freudiger! Jene, die an den Himmel oder ein ähnliches Konzept glauben, sollten im Gedanken an ihren Gott oder höhere Mächte friedlich Abschied nehmen. Für Buddhisten und andere altindische Traditionen, die die Theorie der Wiedergeburt oder das Karma anerkennen, ist im Augenblick des Todes ein heilsamer Geisteszustand natürlich sehr förderlich.

3
Der Umgang mit Haß und anderen negativen Emotionen

Zwei unserer besten Freunde sind Wut und Haß. Ich selbst hatte in meiner Jugend eine enge Beziehung zum Jähzorn. Später fand ich dann eine Menge an ihm auszusetzen und heute, mit Hilfe von gesundem Menschenverstand, Mitgefühl und Weisheit habe ich ein schlagkräftigeres Argument, ihn zu bezwingen.

Wie meine eigene Erfahrung beweist, kann sich jeder Mensch mit einigem Bemühen ändern. Diese Änderung geht natürlich nicht sofort vor sich, sondern braucht im Gegenteil sehr viel Zeit. Um sie herbeizuführen und mit den Emotionen umgehen zu können, ist es wichtig, herauszufinden, welche Gedanken hilfreich, konstruktiv und nützlich für uns sind. Ich meine damit hauptsächlich Gedanken, die uns ruhiger, entspannter machen und uns inneren Frieden geben, im Gegensatz zu solchen, die Unbehagen, Angst und Frustration hervorrufen.

Unser Körper besteht aus Milliarden verschiedener Partikel und unser Geist aus vielen verschiedenen Gedanken und Stimmungen, weshalb es eine grobe Verallgemeinerung ist, von «dem Körper», «dem Geist» zu sprechen. Wir müssen unsere Innenwelt mit großer Klugheit erforschen und analysieren. Ähnlich wie wir in bezug auf die Welt der Pflanzen vorgehen, wo wir feststellen, daß einige von ihnen wie Gemüse, Früchte und Blumen, gut für uns sind, und sie dann anpflanzen und nutzen. Andere, die unbekömmlich oder giftig für uns sind, lernen wir zu unterscheiden, und manchmal rotten wir sie sogar aus. Genauso sollten wir in der Innenwelt unseres Geistes verfahren und den Unterschied zwischen schädlichen und positiven Gedanken und Zuständen erkennen lernen. Haben wir den Wert der positiven geistigen Zustände einmal erkannt, können wir sie pflegen und fördern.

Die von Buddha gelehrten Vier Edlen Wahrheiten bilden das Fundament des Dharma. Die dritte Wahrheit ist die von der Beendigung.

Laut Nagarjuna bedeutet Beendigung in diesem Zusammenhang die Erlangung jenes Geisteszustands, der durch Übung und Anstrengung allen negativen Emotionen ein Ende bereitet. Es ist dies ein Zustand der geistigen Vollendung, frei von den Auswirkungen der verschiedenen negativen Emotionen und Gedanken, der wahre Dharma und deshalb die Zuflucht, die alle praktizierenden Buddhisten suchen. Weil Buddha diesen Zustand verwirklicht hat – und nicht etwa weil er von Anfang an etwas Besonderes war –, ist er der Verehrung würdig und Gegenstand der Zuflucht. Der Sangha, die spirituelle Gemeinschaft, wird Gegenstand der Zufluchtnahme, weil seine Mitglieder sich auf dem Weg zu diesem Zustand der Beendigung befinden oder ihn gerade beginnen.

Wahre Beendigung kann also nur im Sinne eines Geisteszustandes verstanden werden, der von negativen Emotionen und Gedanken gereinigt und von ihnen frei geworden ist. Ebenso wie Beendigung ein Geisteszustand ist, sind auch die Faktoren, die ihn bewirken, Funktionen des Geistes. Auch das Bewußtseinskontinuum – die Basis für diese Läuterung – ist etwas Geistiges. Die Natur des Geistes zu verstehen ist also für die buddhistische Praxis etwas ganz Wesentliches. Deshalb wird der Buddhismus auch oft als eine «Geisteswissenschaft» bezeichnet. Ich will damit aber keineswegs andeuten, daß alles nur eine Widerspiegelung oder Projektion des Geistes sei und daß außer dem Geist nichts existiere.

In den buddhistischen Texten werden negative Emotionen oder Gedanken normalerweise definiert als «Zustand, der eine Störung in unserem Geist verursacht», also als etwas, das uns aufwühlt und unglücklich macht. Auf einem Symposium, an dem ich zusammen mit zahlreichen Psychologen und Wissenschaftlern aus verwandten Gebieten teilnahm, wurde befunden, daß selbst Buddhas Emotionen haben, wenn man der Definition des Begriffes Emotion in verschiedenen wissenschaftlichen Disziplinen folgt. Karuna (unendliches Mitgefühl oder Herzensgüte) kann also als eine Art von Emotion verstanden werden.

Es gibt Emotionen, die positiv und solche, die negativ sind. Zorn gehört zweifellos zu den negativen Emotionen. Negativ, weil dadurch ein gewisses Unbehagen, eine unglückliche Stimmung in uns hervorgerufen wird, was auf Dauer gesehen zu Taten führt, die andere verletzen, und dies verursacht uns selbst Schmerzen und Leiden.

Vielleicht könnte man von zweierlei Arten von Wut sprechen. Die eine läßt sich in eine positive Emotion verwandeln, Wenn jemand beispielsweise von aufrichtigem Mitgefühl und Sorge um einen anderen motiviert ist und dieser andere nicht auf seine Warnung vor dem Begehen einer negativen Tat hört, bleibt ihm keine andere Wahl, als ihn durch Einsatz einer gewissen Gewalt davon abzuhalten. In den Übungen des Tantrayana gibt es meditative Techniken, die es ermöglichen, die Energie der Wut zu transformieren. Dies ist der Sinn, der hinter den zornvollen Gottheiten steht. Wut kann, wenn sie von Mitgefühl motiviert ist, in gewissen Fällen nützlich sein, weil sie uns zusätzliche Energie gibt und zu raschem Handeln befähigt.

Im allgemeinen aber führt Wut zu Haß, und Haß ist und bleibt stets negativ. In ihm liegt der Ansatz zur Bösartigkeit. Ich analysiere den Haß immer vom buddhistischen Standpunkt aus und auf einer allgemeinen, menschlichen Ebene. Auf der allgemeinen, menschlichen Ebene machen Gesundheit, materieller Wohlstand und gute Freunde unser Glück aus. Was die Gesundheit betrifft, so sind negative Emotionen ihr sehr abträglich. Da uns meist viel daran liegt, unsere Gesundheit zu erhalten, kann uns die richtige geistige Einstellung hier eine Hilfe sein. Unser Geist sollte immer in Gelassenheit verweilen, auch wenn man von Angst überfallen wird, wie das zwangsläufig im Leben vorkommt. Diese Verstörungen sind kurzlebig, wie Wellen, die sich aus dem Wasser erheben und wieder zurücksinken. Deshalb sollte Ihre geistige Grundeinstellung davon nicht berührt werden. Wenn Sie gelassen bleiben, bleibt auch Ihr Blutdruck normal, was für Ihre Gesundheit förderlich ist. Ich habe keine wissenschaftliche Erklärung dafür, ich weiß nur, daß meine eigene körperliche Verfassung sich mit zunehmendem Alter verbessert, obwohl ich immer die gleiche Arznei einnehme, den gleichen Arzt habe, das gleiche Essen. Es muß also an meiner geistigen Einstellung liegen. Manchmal sagt man mir: Sie haben sicherlich ein tibetisches Spezialmittel. Nein, habe ich nicht!

Wie ich schon sagte, war ich in meiner Jugend ziemlich jähzornig. Ich entschuldigte das manchmal damit, daß auch mein Vater jähzornig war, so, als ob es etwas Erbliches sei. Heute aber habe ich keinerlei Haßgefühle mehr, selbst nicht gegen jene Chinesen, die den Tibetern Elend und Leiden verursachen.

Einige meiner engen Freunde, die den

Dharma praktizieren, leiden unter zu hohem Blutdruck und haben trotzdem keinerlei gesundheitliche Krisen, sie fühlen sich nie erschöpft. Andere Freunde leben in großem materiellem Wohlstand, beginnen aber nach dem Austausch der ersten Begrüßungsworte gleich zu klagen und zu jammern. Trotz ihrer angenehmen Lebensumstände kennt der Geist dieser Menschen keine Ruhe und keinen Frieden, und folglich machen sie sich ständig Sorgen über ihre Verdauung, über ihren Schlaf – einfach über alles. Geistige Ruhe und Gelassenheit sind also eine wichtige Bedingung für gute Gesundheit. Hierfür brauchen Sie keinen Arzt, schauen Sie in Ihr Inneres, versuchen Sie etwas von Ihrem Potential zu nutzen. Dies kommt außerdem billiger!

Der zweite Umstand, der zu unserem Glück beiträgt, ist materieller Wohlstand und Komfort. Ob wir aus seiner Nutzung Befriedigung ziehen oder nicht, hängt wiederum von unserer geistigen Einstellung ab. Manchmal, wenn ich früh aufwache und auf meine Uhr blicke, fühle ich mich bedrückt. An anderen Tagen ist meine Stimmung angenehm und friedlich, vielleicht aufgrund von Vorkommnissen am Vortag. Wenn ich dann auf meine Uhr blicke, scheint sie mir wunderschön. Die Uhr ist doch dieselbe, nicht wahr? Es ist meine geistige Einstellung, die den Unterschied macht.

Es tut den Dingen, die unseren materiellen Komfort ausmachen, nicht gut, wenn unser Geist von Wut beherrscht wird. Um wieder ein Beispiel aus meiner eigenen Erfahrung zu geben: Als ich jung war, versuchte ich manchmal Uhren zu reparieren, was mir oft mißlang. Es konnte vorkommen, daß ich dann die Geduld verlor und der Uhr einen Hieb versetzte. Während dieses Augenblicks wurde meine gesamte Einstellung durch den Haß verändert, und danach tat mir mein Verhalten sehr leid. Ich wollte die Uhr doch reparieren, warum sie also auf den Tisch hauen? Auch hier können Sie wieder sehen, daß die geistige Einstellung entscheidend ist, um unsere materiellen Gegebenheiten zu unserer Befriedigung nutzen zu können.

Die dritte Voraussetzung für Glück und Zufriedenheit sind gute zwischenmenschliche Beziehungen. Es ist leicht einzusehen, daß innere Gelassenheit und Ruhe uns aufgeschlossen und fair machen. Lassen Sie mich hierzu ein Beispiel geben: Vor etwa fünfzehn Jahren war da ein Engländer namens Phillips, der in enger Beziehung zu der chinesischen Regierung, einschließlich Chou En Lai und anderen führenden Mitgliedern stand. Er kannte sie seit Jahren und war ihnen freundschaftlich verbunden. Im Jahre 1977 oder 1978 kam Phillips nach Dharamsala, um mich zu besuchen. Er hatte Filme mitgebracht und erzählte mir von all den guten Seiten Chinas. Zu Beginn unseres Treffens hatten wir eine große Meinungsverschiedenheit, wir hatten völlig verschiedene Ansichten. Seiner Meinung nach war die Präsenz der Chinesen in Tibet etwas Gutes, während ich – auf zahlreiche Berichte gestützt – die Situation keineswegs für gut hielt. Wie gewöhnlich hatte ich ihm gegenüber keinerlei negative Empfindungen, ich fühlte einfach nur, daß seine Ansichten auf Unwissenheit beruhten, und setzte unsere Unterhaltung mit einer offenen Einstellung fort. Ich machte ihm klar, daß jene Tibeter, die der chinesischen kommunistischen Partei bereits im Jahre 1930 beigetreten waren, die an der Seite der Chinesen am chinesisch-japanischen Krieg teilgenommen hatten, die die chinesische Invasion mit Begeisterung begrüßt und mit den chinesischen Kommunisten kollaboriert hatten, dies alles in dem Glauben taten, daß sich hier eine einmalige Gelegenheit für die Entwicklung Tibets im Sinne einer marxistischen Ideologie bieten würde. Sie hatten auf der Grundlage aufrichtiger Hoffnung kollaboriert. In den Jahren 1956 oder 1957 wurden sie dann von den Chinesen ihrer Ämter enthoben, einige wurden ins Gefängnis geworfen, andere verschwanden. Ich machte ihm klar, daß wir nicht antichinesisch oder antikommunistisch sind. Tatsächlich nenne ich mich manchmal halb marxistisch, halb buddhistisch. Nachdem ich ihm dies mit aller Offenheit und von guter Absicht motiviert gesagt hatte, änderte sich seine Haltung vollständig. Wenn man trotz eines gewaltigen Meinungsunterschieds versucht, eine Brücke von Mensch zu Mensch zu schlagen, kann man zweifellos im Geist seines Gegenübers positive Gefühle erzeugen.

Übrigens: Würde dieser Vierzehnte Dalai Lama weniger lächeln, hätte er bestimmt weniger Freunde. Ich begegne anderen stets auf der Ebene von Mensch zu Mensch. Auf dieser Ebene gibt es zwischen Präsident, Königin und Bettler keinen Unterschied. Echtes Gefühl ist wichtiger als Status. Ich bin nur ein einfaches menschliches Wesen, das durch seine Erfahrung und geistige Disziplin eine in gewisser Weise neue Einstellung entwickeln konnte. Dies ist nichts Besonderes. Sie, die Sie bestimmt eine bessere Erziehung und mehr Erfahrung haben als ich, haben ein größeres Potential, sich innerlich zu wandeln. Ich komme aus einem winzigen Dorf und hatte im Alter von fünfzehn Jahren eine unvorstellbare Verantwortung zu übernehmen. Sie alle sollten sich deshalb von dem großen Potential überzeugen, das Sie besitzen, und wissen, daß Sie sich mit Selbstvertrauen und etwas mehr Bemühen wirklich ändern können, wenn Sie es nur wollen! Konzentrieren Sie sich weniger auf die negativen Seiten, wenn Ihnen Ihr Leben unerfreulich scheint oder wenn Sie Schwierigkeiten haben! Sehen Sie die positive Seite, sehen Sie das Potential, geben Sie sich Mühe! Dies allein schon garantiert Ihnen einen gewissen Erfolg. Wenn wir unsere ganze Energie und unsere Qualitäten als Mensch nutzen, können wir unsere Probleme überwinden.

Ausschlaggebend für die Beziehung zu unseren Mitmenschen ist also unsere geistige Einstellung. Sie ist der Schlüssel zu unserem Glück und Wohlergehen. Dies gilt für alle, auch für die, die an nichts glauben, die einfach nur aufrechte menschliche Wesen sind. Auch für die, die gesund sind, ihren Wohlstand in der richtigen Weise nutzen und erfreuliche Beziehungen zu ihren Mitmenschen haben, gilt, daß der Ursprung unseres Glücks im Inneren liegt und nicht in diesen Dingen. Obwohl Geld sehr nützlich und notwendig ist, kann materieller

Besitz manchmal um so mehr Sorgen machen, je mehr man davon hat, bis man zum Schluß zum Sklaven seines Besitzes wird. In gleicher Weise kann eine gute Bildung, sofern sie nicht ausgewogen ist, oftmals zu verstärkten Schwierigkeiten, Ängsten, zu größerer Gier, Begierde und Ehrgeiz führen. Und auch Freunde können oft sehr unerfreulich sein.

Untersuchen wir nun, auf welche Weise Wut und Haß bezwungen werden können. Dazu ist an erster Stelle nötig, die Schädlichkeit der negativen Emotionen – ganz besonders von Haß – einzusehen. Haß ist unser ärgster Feind, wobei ich eine Person oder einen Faktor als Feind bezeichne, wenn er direkt oder indirekt unseren Interessen schadet. (Unsere Interessen sind das, was letzten Endes zu Glück und Wohlergehen führt.)

Man kann aber auch von äußeren Feinden sprechen. Nehmen wir meinen eigenen Fall als Beispiel. Dadurch, daß unsere chinesischen Brüder und Schwestern die Rechte der Tibeter mit Füßen treten, erfahre ich Kummer und Leiden. Doch so überwältigend dies auch ist, es kann meine innere Ruhe als die letztendliche Quelle meines Glücks nicht zerstören. Sie ist etwas, das ein äußerer Feind nicht vernichten kann. Unser Land kann überfallen, unser Hab und Gut zerstreut, unsere Freunde können getötet werden – mein innerer Friede jedoch, die eigentliche Quelle meines Glücks, kann von niemandem außer von meinem eigenen Haß vernichtet werden!

Vor einem äußeren Feind kann man flüchten oder ihm manchmal sogar ein Schnippchen schlagen. Wenn da jemand ist, der meinen inneren Frieden stört, kann ich die Tür hinter mir verschließen und friedlich in meinem Zimmer sitzen. Mit dem Haß geht das nicht! Wo immer ich bin, da ist er auch. Es hilft nichts, die Tür von innen zu verriegeln, der Haß ist drinnen. Es gibt keine Möglichkeit, ihm zu entkommen, es sei denn, man wendet die geeignete Methode an. Haß und Wut – und hier meine ich die negative Wut – sind also die wahren Zerstörer meines inneren Friedens und deshalb meine eigentlichen Feinde.

Manche vertreten die Meinung, daß es besser sei, Emotionen auszuleben, als sie zu unterdrücken. Hier muß man meines Erachtens einen Unterschied zwischen den verschiedenen negativen Emotionen machen. Nehmen wir beispielsweise eine bestimmte Art von Frustration, die sich als Ergebnis von Ereignissen in der Vergangenheit einstellt. Manchmal entstehen durch das Verdrängen dieser negativen Ereignisse, einer Vergewaltigung zum Beispiel, bewußte oder unbewußte Probleme. In diesem Fall ist es besser, die Frustration herauszulassen und ihr Ausdruck zu verleihen. Wenn wir aber nicht versuchen, unseren Haß einzudämmen, konservieren wir ihn und lassen ihn anwachsen. Schon kleinste Vorkommnisse werden uns dann in Wut versetzen. Bemüht man sich hingegen, seinen Haß zu kontrollieren und zu bezähmen, wird er schließlich auch durch gewichtige Anlässe nicht mehr provoziert.

Durch Übung und Disziplin können wir eine Veränderung bewirken.

Ein geeignetes Mittel, unseren inneren Frieden zu bewahren, besteht darin, niemals unzufrieden und ungeduldig zu werden, weil Ungeduld und Unzufriedenheit zur Ursache von Haß und Wut werden. Ursache und Wirkung sind auf natürliche Weise miteinander verknüpft. Wenn bestimmte Ursachen und Bedingungen einmal zusammengetroffen sind, ist es kaum möglich zu verhindern, daß dieser kausale Ablauf zu einem Ergebnis führt. Er muß deshalb in seinen Anfängen unterbrochen werden, und dazu muß man die jeweilige Situation genau prüfen. Der große indische

Gelehrte Shantideva sagt in seinem *Führer auf dem Bodhisattva-Weg*, daß man sehr aufpassen muß, nicht in eine Situation zu geraten, die in Unzufriedenheit mündet, denn auf ihrem Boden keimt der Haß. Wir müssen eine ganz bestimmte Einstellung zu unserem Besitz, unseren Freunden und Gefährten und verschiedenen Situationen haben. Gefühle des Unbefriedigtseins, der Hoffnungslosigkeit, des Unglücklichseins können sich auf alles und jedes beziehen. Wenn wir nicht die richtige Einstellung haben, kann alles zu einem Quell der Frustration werden. Für einige Leute mag selbst das Nennen des Wortes «Buddha» ein Ärgernis sein, obwohl dies sicherlich nicht der Fall wäre, wenn sie eine persönliche Begegnung mit einem Buddha haben würden. Es steckt also in allen Phänomenen die Möglichkeit, in uns Haß, Ärger und Frustration zu wecken. Da die Welt der Phänomene den Gesetzen des Daseins unterworfen ist, bleibt nur die Möglichkeit, unsere eigene Einstellung zu ändern. Wenn uns dies gelingt, wenn unsere Sicht der Dinge und Ereignisse sich ändert, können alle Phänomene statt Feinde und Quellen der Frustration zu Freunden und Quellen des Glücks werden.

Ein Feind ist etwas ganz Besonderes. Natürlich ist es in gewisser Weise nicht gut, einen Gegner zu haben, weil er unter anderem unseren inneren Frieden stört. Doch von einem anderen Blickwinkel aus betrachtet, müssen wir zugeben, daß uns nur jemand, der uns feindlich gesinnt ist, die Chance bietet, Geduld zu üben. Ich, als Buddhist, denke beispielsweise, daß Buddha uns keinerlei Möglichkeit gibt, ihm gegenüber Geduld und Toleranz zu praktizieren. Möglicherweise eignen sich einige Mitglieder des Sangha dazu, aber im Prinzip hat man diese Gelegenheit nicht oft. Da wir die Mehrheit der fünf Milliarden Bewohner dieser Erde nicht kennen, geben uns diese auch keine Gelegenheit, unsere Toleranz und Geduld zu zeigen. Nur die Menschen, die wir kennen und die uns Schwierigkeiten machen, können uns dazu verhelfen, Toleranz und Geduld zu praktizieren.

Von daher gesehen ist ein Widersacher unser bester Lehrer. Shantideva macht uns in bestechender Weise klar, daß Feinde oder alle, die uns Schaden zufügen, in Wirklichkeit der Verehrung würdig und wert sind, als unsere erhabenen Lehrer betrachtet zu werden. Man könnte einwenden, daß unsere Feinde ja keinesfalls die Absicht haben, uns zu helfen und es deshalb absurd ist, sie für verehrungswürdig zu halten. Hierauf antwortet Shantideva, daß wir ja auch als praktizierende Buddhisten den Zustand der Beendigung als der Zufluchtnahme wert betrachten, obwohl Beendigung doch ein rein geistiger Zustand ist und von sich aus keinerlei Absicht haben kann, uns zu helfen. Dagegen könnte man einwenden, daß dies für die Beendigung wohl richtig sein mag, da hier keine Absicht vorliegt, uns zu verletzen, während unser Feind gerade dies im Sinn hat, weshalb er unmöglich Gegenstand unserer Verehrung sein kann. Doch gerade diese Absicht, uns zu schaden, macht – wie Shantideva sagt – den Feind zu etwas Besonderem. Hätte er diese nicht, würden wir keinen Feind in ihm sehen und eine ganz andere Einstellung zu ihm haben.

Die Absicht zu verletzen, uns zu schaden, macht also den Feind aus; und weil das so ist, gibt ein Feind uns die Chance, Toleranz und Geduld zu üben, was ihn für uns tatsächlich zu einem großen Lehrer macht. Wenn Sie diesen Gedankengang nachvollziehen, werden sich allmählich Ihre negativen Emotionen – insbesondere der Haß – vermindern.

Manchmal wird gesagt, Ärger sei nützlich, weil er uns Energie und Durchschlagskraft gibt. Das stimmt nicht. Seine Energie ist im wesentlichen eine blindwütige, und nichts garantiert uns, daß sie nicht am Ende unseren eigenen Interessen schadet.

Eine andere Frage ist, wie wir reagieren sollen, wenn andere uns ausnutzen, weil wir uns bescheiden und unauffällig verhalten. Die Antwort ist einfach: Man sollte mit Weisheit und gesundem Menschenverstand reagieren, ohne Haß und Ärger. Wenn die Lage ein Handeln unsererseits erfordert, dürfen wir uns wehren, ohne dabei in Haß zu verfallen. Ein von Weisheit anstelle von Ärger inspiriertes Handeln ist viel effektiver, als aus Ärger ergriffene Gegenmaßnahmen, die oft schiefgehen. In einer Gesellschaft, die unter dem Zeichen des Wettbewerbs steht, ist es nötig, sich zu wehren. Nehmen wir die Lage Tibets als Vergleich. Wir folgen einem Weg der Gewaltlosigkeit und des Mitgefühls, was keineswegs heißt, daß wir uns den Aggressoren beugen und nachgeben. Doch frei von Haß und Wut setzen wir uns besser durch.

Es gibt noch eine andere Möglichkeit, Toleranz und Geduld zu üben, die darin besteht, ganz bewußt die Leiden der anderen auf sich zu nehmen. Ich denke an Situationen, in denen uns klar ist, welche augenblicklichen Schwierigkeiten und Mühen wir auf uns nehmen, dadurch daß wir uns engagieren. Gleichzeitig sind wir aber davon überzeugt, daß dies auf lange Sicht gesehen sehr positive Auswirkungen hat. Diese Einstellung und der Wille, auf lange Sicht Gutes zu bewirken, veranlassen uns manchmal, die Last, die mit dem gegenwärtigen Augenblick verbunden ist, auf uns zu nehmen.

Ein wirksames Mittel in der Auseinandersetzung mit negativen Emotionen wie Haß und Ärger ist das Entwickeln und Fördern ihrer Gegenkräfte, das heißt der positiven Eigenschaften unseres Geistes wie Liebe und Mitgefühl.

4
Die Bedeutung von Liebe und Mitgefühl

Mitgefühl ist etwas überaus Wunderbares und Wertvolles. Bei der Beschäftigung mit diesem Thema kann uns die meines Erachtens berechtigte Feststellung, daß die menschliche Natur von Grund aus gut und freundlich ist, ermutigen. Ich diskutiere manchmal mit Freunden, die der Ansicht sind, die menschliche Natur sei eher negativ und aggressiv. Ich argumentiere dann damit, daß wir bei einem eingehenden Studium des menschlichen Körpers entdecken, wie verwandt wir jenen Säugetieren sind, deren Lebensweise sanfter und friedlicher ist als die aller anderen. Ich pflege auch oft halb im Scherz zu sagen, daß unsere Hände, so wie sie angeordnet sind, sich besser zum Streicheln als zum Schlagen eignen. Wären sie hauptsächlich zum Zuschlagen gedacht, bräuchten wir keine

Finger. Mit ausgestreckten Fingern kann man nämlich nicht richtig zuschlagen. Boxer müssen deshalb eine Faust machen. Das heißt für mich, daß unsere physische Struktur auf eine mitfühlende und freundliche Lebensweise hin angelegt ist.

In den menschlichen Beziehungen sind Ehe und Kinder etwas sehr Wichtiges. Eine Ehe sollte, wie ich schon sagte, nicht aus blinder oder völliger, verrückter Verliebtheit eingegangen werden, sondern auf der Grundlage eines gegenseitigen Kennens und des Wissens, daß man zusammenpaßt. Die Ehe ist nicht für eine vorübergehende Befriedigung gedacht, sondern erfordert Verantwortungsgefühl. Dies ist die echte Liebe, die sich als Fundament für eine Ehe eignet.

Die Zeugung eines Kindes sollte in dieser ethischen Gesinnung stattfinden. Daß während der Schwangerschaft innere Ruhe und Frieden der Mutter einen äußerst positiven Effekt auf das Ungeborene ausüben, kann nach Meinung einiger Wissenschaftler nicht bezweifelt werden. Wenn die Mutter sich in einer negativen geistigen Verfassung befindet, frustriert oder ärgerlich ist, schadet dies der gesunden Entwicklung des Kindes. Ein Wissenschaftler erläuterte mir, daß die ersten Wochen nach der

Geburt der wichtigste Zeitabschnitt für die Entwicklung des kindlichen Gehirns sei, wobei der Körperkontakt mit der Mutter oder einer stellvertretenden Person von entscheidender Bedeutung sei. Dies macht deutlich, wie sehr das Kind schon rein physisch auf Zuwendung angewiesen ist, obwohl es möglicherweise gar nicht realisiert, woher diese kommt.

Das erste, was die Mutter nach der Geburt tut, ist, ihr Kind zu stillen. Wenn sie dabei keine Liebe empfindet, fließt ihre Milch nicht. Sie wird nur dann ungehindert fließen, wenn die Mutter trotz ihres angegriffenen Zustands und ihrer Schmerzen ihrem Kind liebevoll zugetan ist. Diese liebevolle Gesinnung ist wie ein kostbarer Edelstein. Wenn von seiten des Kindes ein Gefühl des Hingezogenseins zur Mutter fehlt, wird es nicht saugen. Dies zeigt, wie wundervoll der Akt der Zuneigung auf beiden Seiten ist! Er steht am Anfang unseres Lebens!

Meiner Erfahrung nach ist es auch in der Erziehung so, daß sich das, was wir von Lehrern lernen, die nicht nur gute Lehrer sind, sondern auch Zuneigung für den Schüler haben, tief in unserem Geist einprägt. Der Unterrichtsstoff, den andere Lehrer vermitteln, dringt nicht so tief ein, selbst wenn wir sie fürchten und uns zum Lernen zwingen. Von der menschlichen Zuwendung des Lehrers hängt sehr viel ab.

Ähnliches trifft zu, wenn man einen Arzt aufsucht. Wenn er Gefühl und Anteilnahme zeigt und uns freundlich anlächelt, fühlen wir uns bei ihm ungeachtet seiner professionellen Qualitäten gut aufgehoben. Bei einem Arzt, der keine Wärme ausstrahlt, fühlen wir uns verspannt und unbehaglich, selbst wenn es sich um einen berühmten Spezialisten handelt. So ist die menschliche Natur!

Schauen wir uns schließlich unser eigenes Leben an. In der Kindheit und im Alter sind wir auf die Zuwendung anderer Menschen angewiesen. In der Zeit dazwischen halten wir uns für unabhängig, und die Zuneigung anderer Menschen erscheint uns nicht lebensnotwendig. Ich bin jedoch der Meinung, daß es in diesem Abschnitt unseres Lebens ausgesprochen wichtig ist, sich den Wert menschlicher Nähe und Zuneigung einzugestehen. Was den einsamen Großstadtmenschen fehlt, ist nicht so sehr der Kontakt, sondern eben diese Zuneigung und Wärme. Ein Mangel daran kann sich im Laufe der Zeit in negativer Weise auf unsere geistige Gesundheit auswirken. Körperliche und geistige Entwicklung nehmen einen günstigeren und problemloseren Verlauf, wenn man in einer Atmosphäre der Wärme und Zuwendung aufwachsen kann. Kinder, die diese Geborgenheit nicht kennen, entwickeln weitaus mehr negative Neigungen.

Dies führt uns aufs neue vor Augen, auf was die menschliche Natur ausgerichtet ist. Wie bereits erwähnt, weiß auch der Körper die Wohltat von geistiger Ruhe und innerem Frieden zu schätzen. Dinge, die uns verstören, haben einen negativen Einfluß auf unsere Gesundheit, der ein Milieu der Freundschaft und Wärme am zuträglichsten ist. Aus diesem Grund ist in uns allen Mitgefühl als Potential angelegt – die Frage ist nur, ob wir es erkennen und nutzen.

Ich möchte mit diesen Erläuterungen deutlich machen, daß wir von Natur aus Mitgefühl in uns haben, daß dieses Mitgefühl etwas Lebensnotwendiges ist und daß wir es entwickeln und fördern können. Was aber heißt Mitgefühl? Die verschiedenen philosophischen und spirituellen Traditionen erläutern Liebe und Mitgefühl auf verschiedene Art und Weise. Einige meiner christlichen Freunde sagen, daß sich ohne die Gnade Gottes Liebe und Erbarmen nicht entwickeln können – mit anderen Worten, daß man dazu den Glauben braucht. Für den Buddhisten basiert echtes Mitgefühl auf dem Anerkennen der Tatsache, daß andere genauso wie man selbst nach Glück streben und das Recht haben, Leiden zu bekämpfen. Davon ausgehend entwickelt man ungeachtet der eigenen Verfassung eine Art von Sorge um das Wohlergehen der anderen, was gleichbedeutend mit Mitgefühl ist...

In Wirklichkeit sind die Liebe und das Mitgefühl, die Sie für Ihre Freunde empfinden, oft nichts anderes als Anhaften, denn sie gehen nicht aus der Erkenntnis hervor, daß alle Wesen das gleiche Recht auf Glück und Wohlergehen haben, sondern basieren auf einer Vorstellung von «mein» und «mein Freund», von etwas, was «mir» guttut. Dies ist mit Anhaften gemeint. Wenn sich das Verhalten der Betreffenden Ihnen gegenüber ändert, ändern sich auch Ihre Gefühle schnell. Was echtes Mitgefühl angeht, so bleibt Ihr Interesse am Wohl dieser Person ungeachtet ihres Verhaltens bestehen, weil es sich um einen Mitmenschen handelt, der berechtigt ist, nach Glück zu streben und das Leiden zu bekämpfen. Dies macht den Unterschied aus. Echtes Mitgefühl ist heilsamer, es ist unparteiisch und gründet auf Vernunft, während Anhaften engstirnig und voreingenommen ist. In der Tat schließen beide sich gegenseitig aus. Um echtes Mitgefühl zu entwickeln, muß man in der buddhistischen Praxis zuerst die Meditation über die Gleichheit üben und sich vom Haften an jenen, die uns nahestehen, lösen. Dann müssen Sie die negativen Gefühle für Ihre Gegner aufgeben. Alle Lebewesen müssen als gleich betrachtet werden. Von dieser Basis aus können Sie dann allmählich echtes Mitgefühl für alle entwickeln. Wobei betont werden muß, daß es sich nicht darum handelt, mitleidig auf andere herunterzuschauen. Im Gegenteil, echtes Mitgefühl sieht die anderen als wichtiger an als sich selbst.

Um Mitgefühl entwickeln zu können, muß man, wie ich eben sagte, zuerst über Unparteilichkeit meditieren, ohne die unsere Gefühle für andere von Voreingenommenheit getrübt sind. Ich werde Ihnen deshalb im folgenden kurz eine meditative Übung über das Entwickeln von Unparteilichkeit beschreiben: Stellen Sie sich zunächst eine kleine Gruppe von Menschen vor, die Ihnen lieb sind und an denen Sie hängen. Dann stellen Sie sich Menschen vor, die Sie gefühlsmäßig völlig indifferent lassen. Und schließlich stellen Sie sich jene Menschen vor, die Sie verabscheuen. Wenn Sie diese drei verschiedenen Gruppen vor Augen haben, lassen Sie Ihren Geist seinen natürlichen Zustand einnehmen und beobachten Sie, wie er normalerweise auf eine Begegnung mit den jeweiligen Personen reagiert. Sie werden feststellen, daß Sie auf diejenigen, die Sie als Ihre Freunde betrachten, mit Anhaften reagieren; auf jene, die Ihnen als Feinde erscheinen, mit Abneigung; und auf jene, die Ihnen neutral erscheinen, mit Gleichgültigkeit. Vergleichen Sie nun die gegensätzliche Einstellung gegenüber Ihren Freunden und Ihren Feinden. Fragen Sie sich, weshalb Sie derart voneinander abweichende Geisteszustände angesichts dieser zwei verschiedenen Gruppen von Menschen haben. Erkennen Sie, welche Auswirkung dies auf Ihren Geist hat, und versuchen Sie zu erkennen, wie unsinnig es ist, sich in solch extremer Weise auf sie zu beziehen. Ich habe bereits über die Nachteile von Zorn und Haß auf Gegner sowie eines zu starken Hängens an Freunden gesprochen. Versuchen Sie, darüber nachzudenken und Ihre Emotionen gegenüber diesen beiden Gruppierungen abzuschwächen. Dann – und dies ist sehr wichtig – sollten Sie sich über die grundlegende Gleichheit zwischen sich und den anderen Lebewesen Gedanken machen. Den instinktiven, natürlichen Drang, glücklich zu sein und nicht leiden zu müssen, teilen Sie mit allen anderen lebenden Wesen. Und genau wie

Sie selbst haben alle lebenden Wesen ein Anrecht auf die Erfüllung dieses uns allen angeborenen Strebens. Wo bleibt also die Basis für eine Diskriminierung?

Wenn man die Menschheit als Ganzes betrachtet, sind wir soziale Wesen. Die heutigen Wirtschaftsformen, Ausbildungsbedingungen usw. verdeutlichen, daß die Welt kleiner und unsere gegenseitige Abhängigkeit größer geworden ist. Deshalb glaube ich, daß wir gar keine andere Wahl haben, als in Frieden miteinander zu leben und zu arbeiten und an die Interessen der Menschheit als Ganzes zu denken. Nur mit dieser Sichtweise können wir überleben.

Von Natur aus sind speziell die Interessen des Menschen von jenen der anderen Menschen abhängig. Mein Glück hängt vom Glück der anderen ab. In der Gegenwart von glücklichen Menschen fühlt man sich automatisch glücklicher als im Zusammensein mit Menschen, die bedrückt und voller Probleme sind. Bilder im Fernsehen von verhungernden Menschen, Alten und Kindern machen uns sofort traurig und betroffen, unabhängig davon, ob aus unserer Betroffenheit dann eine aktive Hilfe wird oder nicht.

Die zahllosen technischen Hilfsmittel, die

uns heute das Leben erleichtern, einschließlich solcher Dinge wie Klimaanlagen für unsere Wohnhäuser, sind nur durch direkte und indirekte Beteiligung anderer Menschen möglich. Wir wissen, daß sie das Produkt der Arbeit vieler verschiedener Personen sind. Das Bett, in dem Sie schlafen – wie viele Menschen waren an seiner Herstellung beteiligt! Wie viele tragen zu dem bei, was Sie täglich essen, insbesondere wenn Sie kein Vegetarier sind! Unser Ruhm oder unsere Berühmtheit ist ganz entschieden ein Produkt anderer Menschen, ohne sie ist dieses Phänomen gar nicht denkbar. Die europäischen Interessen hängen mit den amerikanischen Interessen zusammen, die Interessen von Westeuropa mit der wirtschaftlichen Lage in Osteuropa. Es ist eine Tatsache, daß alle Länder aufs engste voneinander abhängig sind. Vieles von dem, was wir erstreben, wie Wohlstand, Ruhm usw. läßt sich also ohne aktive oder indirekte Beteiligung und Zusammenarbeit zahlreicher anderer Menschen nicht verwirklichen.

Daraus, daß wir alle miteinander verbunden sind und ein gleiches Recht auf Glück haben, folgt logischerweise, daß die Interessen der fünf Milliarden Bewohner dieser Erde mehr zählen als die einer Einzelperson, und sei sie noch so bedeutend. Wenn Sie diesem Gedankengang folgen, werden Sie allmählich einen Sinn für globale Verantwortung entwickeln. Auch die Umweltprobleme unserer Zeit wie beispielsweise die Verringerung der Ozonschicht verdeutlichen klar die Notwendigkeit weltweiter Zusammenarbeit. Dies ist keine religiöse Frage, vielmehr betrifft es die Zukunft der Menschheit. Die Dinge altruistisch und mit einem weiten Horizont zu sehen ist für unsere heutige Welt von großer Bedeutung. Wenn wir eine Situation aus verschiedenen Blickwinkeln betrachten und entdecken, wie in unserer heutigen Lebensform alles miteinander in Zusammenhang steht, wird sich unsere Anschauung dahin gehend ändern, daß wir andere in Gedanken nicht mehr länger als unwesentlich abtun. Wir werden ihnen gegenüber nicht mehr indifferent bleiben können.

Wenn man nur an sich selbst denkt und die Rechte und das Wohlergehen der anderen geringschatzt oder – schlimmer noch – sie ausbeutet, wird man am Ende der Verlierer sein. Man wird niemanden haben, der sich für einen interessiert. Im Falle eines Unglücks werden andere keine Anteilnahme, sondern eher Schadenfreude empfinden. Wenn wir hingegen altruistisch und mitfühlend an die Interessen anderer denken, haben wir, wohin wir auch gehen, Freunde und erfahren im Unglück von allen Seiten Beistand und Hilfe.

Echte Freundschaft wächst auf dem Boden der Zuneigung und nicht auf der Basis von Macht oder Geld. Wenn man einflußreich und wohlhabend ist, zieht das viele Menschen an, die einem Geschenke machen und liebenswürdig lächeln. Doch diese Art von Freunden sind sofort verschwunden, wenn Ihr Einfluß und Ihr Vermögen schwinden, keiner von ihnen wird den ernstlichen Versuch machen, Ihnen dann zu helfen. So sieht die Realität aus.

Freundschaft beruht auf Zuneigung, ohne Rücksicht auf Ihre Position. Je mehr Sie sich um das Wohl und die Rechte anderer sorgen, desto mehr sind Sie echter Freundschaft fähig. Je offener und ehrlicher Sie sind, um so mehr werden Sie letztendlich gewinnen. Wenn wir wirklich eigennützig sein wollen, ist eine kluge Eigennützigkeit besser als eine dumme und engstirnige.

Für Buddhisten ist das Entwickeln von Weisheit ebenfalls sehr wichtig. Ich meine hier jene Weisheit, mit der *shunya*, die eigentliche Natur der Wirklichkeit, erkannt wird. Dadurch sehen Sie zumindest die Unbeständigkeit in einem positiveren Licht. Wenn Sie die

Möglichkeit der Unbeständigkeit anerkennen können, wird klar, daß auch das Leiden nichts Endgültiges ist und daß es eine Alternative dazu gibt. Wenn es eine Alternative gibt, ist es der Mühe wert, sich anzustrengen. Mit den beiden ersten der Vier Edlen Wahrheiten des Buddha, der vom Leiden und von seiner Ursache, könnten wir nicht viel anfangen. Doch die zweite und die dritte, vornehmlich die Wahrheit von der Unbeständigkeit, weisen auf einen anderen Modus des Existierens hin. Es gibt eine Möglichkeit, das Leiden zu beenden, und deshalb lohnt es sich, das Wesen des Leidens zu erkennen. Dazu benötigen wir Weisheit.

Der Buddhismus wird praktiziert, indem man diese Weisheit anwendet. Man benutzt seine Intelligenz, um das Wesen der Realität zu verstehen. Man wendet die geeigneten Mittel an und erzeugt Mitgefühl. Mitgefühl, eine mitfühlende Absicht, kann – wie ich meine – im täglichen Leben und in allen beruflichen Tätigkeiten von Nutzen sein.

Daß im Bereich der Erziehung eine mitfühlende Motivation wichtig ist, kann wohl kaum bezweifelt werden. Ob Sie gläubig sind oder nicht, Mitgefühl und Anteilnahme am Leben Ihrer Schüler und deren Zukunft – und nicht nur an ihren Examensnoten – machen Sie als

Lehrer effektiver. Wenn Sie diese Motivation haben, werden sich Ihre Schüler ein Leben lang an Sie erinnern. In Tibet sagt man, daß die Wirksamkeit einer ärztlichen Behandlung davon abhängt, wie warmherzig der Arzt ist. Für den Fall, daß eine Therapie nicht anschlägt, machen tibetische Patienten den Charakter ihres Arztes verantwortlich. Sie vermuten dann, daß er kein liebevoller Mensch ist. Der arme Arzt handelt sich auf diese Weise manchmal einen schlechten Ruf ein!

Genauso wertvoll, wie eine mitfühlende und anteilnehmende Motivation im medizinischen Bereich ist, könnte sie es auch auf juristischem und politischem Gebiet sein. Es gäbe weniger Skandale, die Bürger hätten mehr Frieden und die Arbeit der Politiker wäre wirkungsvoller und würde stärker respektiert.

Meiner Ansicht nach ist Kriegsführung das Schlimmste. Doch sogar ein Krieg ist, wenn er mit Mitgefühl geführt wird, weniger zerstörerisch. Eine völlig entmenschlichte, mechanisierte Kriegsführung ohne jedes Gefühl ist noch entsetzlicher.

Auch im Bereich von Wissenschaft und Technik könnten meiner Meinung nach Mitgefühl und ein Sinn für Verantwortung Einzug halten. Vom rein wissenschaftlichen Standpunkt aus gesehen sind so grauenvolle Waffen wie Atombomben sicherlich eine großartige Leistung. Da sie unsagbares Leid über die Welt bringt, ist diese Leistung jedoch ausgesprochen negativ zu bewerten. Wenn man das Leiden und die Gefühle der Menschen nicht miteinbezieht, hat man keine Grenzmarkierung zwischen richtig und falsch. Aus diesem Grund ist Mitgefühl auf allen Gebieten notwendig.

Nur auf wirtschaftlichem Gebiet scheint es mir nicht ganz einfach, das Prinzip des Mitgefühls zur Anwendung zu bringen. Trotzdem, auch die Geschäftswelt setzt sich aus menschlichen Wesen zusammen, die Zuwendung und Wärme brauchen. Wenn aber Profit das einzige ist, was zählt, dann tun auch Drogenhändler nichts Unrechtes, sie machen einfach gute Geschäfte mit unerhörtem Profit. Weil sie damit der menschlichen Gesellschaft jedoch großen Schaden zufügen, nennen wir sie Verbrecher und heißen ihr Tun unrecht. Unter dieselbe Kategorie fallen Waffenhändler. Drogen- und Waffenhandel sind gleichermaßen gefährlich und unverantwortlich.

Aus diesem Grund scheint mir Mitgefühl auch in der Geschäftswelt eine Schlüsselfunktion zu besitzen. Immer dann, wenn Menschen ohne Gefühl handeln, wird es gefährlich. Wenn man mit Gefühl und einem Sinn für menschliche Werte handelt, werden alle menschlichen Aktivitäten konstruktiv.

Selbst die Religion, von der gemeinhin angenommen wird, sie helfe den Menschen, kann Schaden stiften, wenn ihr diese grundlegend humane, mitfühlende Einstellung fehlt. Unseligerweise werden immer noch durch Religionsunterschiede Probleme heraufbeschworen.

Das Thema einer humanen Motivation ist heute sowohl im Bereich der Erziehung wie auch auf anderen Gebieten etwas ins Hintertreffen geraten. In der Vergangenheit war dies eine Angelegenheit der Religion. Heutzutage, wo Religion in den Augen der Öffentlichkeit als leicht altmodisch gilt, haben die Menschen keinen Sinn mehr dafür, sie verlieren ihr Interesse an tieferen Werten. Ich glaube, hier sollte man zwei Dinge auseinanderhalten. Es ist gut, wenn Sie sich für Religion interessieren und sie respektieren. Doch auch wenn Sie zu jenen gehören, denen ein religiöser Glaube nichts bedeutet, darf Ihnen der Sinn für die tieferen Werte nicht verlorengehen.

Ein wachsendes Mitgefühl hat vielerlei positive Nebenwirkungen; so werden wir unter anderem flexibler in der Auseinandersetzung mit den Härten des Lebens und fähig, sie in etwas Positives zu transformieren. In dem *Führer auf dem Bodhisattva-Weg*, einem klassischen Text des Buddhismus, findet sich eine sehr geeignete Übung: Sie visualisieren Ihr altes Ich, die Verkörperung von Selbstsucht und Egoismus, und dem gegenüber eine Gruppe von Menschen stellvertretend für alle übrigen Wesen. Dann nehmen Sie die Position eines unvoreingenommenen Beobachters ein, der das Gewicht der Interessen und die Bedeutung der beiden Parteien gegeneinander abwägt. Versuchen Sie darüber nachzudenken, was für ein Fehler es ist, das Wohlergehen der anderen überhaupt nicht in Betracht zu ziehen, und was für das alte, selbstsüchtige Ich dabei herauskommt, sich so zu verhalten. Denken Sie dann darüber nach, welche Schlußfolgerungen Sie in der Rolle des neutralen Beobachters ziehen würden, das heißt, welche Interessen und wessen Wohlergehen wichtiger zu nehmen sind. Sie werden sich ganz spontan auf die Seite der zahllosen anderen Wesen stellen!

Je mehr sich Ihre altruistische Einstellung zu den anderen Wesen verstärkt, um so mehr wächst Ihnen Mut zu. Je mutiger Sie sind, desto weniger sind Sie geneigt, sich abschrekken zu lassen und die Hoffnung zu verlieren.

Mitgefühl ist also eine Quelle innerer Kraft. Mit zunehmender innerer Kraft wird es möglich, feste Entschlossenheit zu entwickeln. Dadurch steigt die Aussicht auf Erfolg ungeachtet aller Hindernisse. Wenn Sie nämlich voller Zögern, Angst und mangelndem Selbstvertrauen sind, wird Ihre Einstellung immer pessimistischer werden, und dies halte ich für den wirklichen Keim des Versagens. Mit einer pessimistischen Einstellung schlägt sogar etwas, das Ihnen leicht gelingen könnte, fehl. Wenn Sie jedoch in schwierigen Angelegenheiten eine unerschütterliche Entschlossenheit beweisen, ist am Ende die Möglichkeit des Gelingens gegeben. Aus diesem Grund ist Mitgefühl auch in einem ganz konventionellen Sinne für zukünftigen Erfolg förderlich.

Je nach dem Entwicklungsstand der Weisheit gibt es verschiedene Stufen des Mitgefühls. Es gibt Mitgefühl, das von wahrer Einsicht in die letzte Natur der Wirklichkeit getragen ist, Mitgefühl, das vom Anerkennen der unbeständigen Natur des Daseins bestimmt ist, und Mitgefühl, das auf dem Wahrnehmen des Leidens der anderen Lebewesen beruht. Der Grad Ihrer Einsicht in die Natur der Wirklichkeit bestimmt den Grad Ihres Mitgefühls. Für den Buddhismus ist es entscheidend, Mitgefühl mit Weisheit zu paaren. Mitgefühl ist wie eine sehr aufrichtige Person und Weisheit wie eine sehr fähige, wenn beide zusammenkommen, ist das Resultat besonders effizient.

Mitgefühl, Liebe und Versöhnung sind für mich die gemeinsame Grundlage aller Religionen, ungeachtet ihrer spirituellen und metaphysischen Tradition. Obwohl es zwischen ihnen fundamental unterschiedliche Ideen gibt, wie die Annahme eines allmächtigen Schöpfergottes, lehren alle Religionen uns das Gleiche – ein warmherziger Mensch zu sein. Alle betonen den Wert von Mitgefühl und Vergebung. Weil die verschiedenen Religionen ihre eigenen Verbreitungsgebiete hatten und es kaum Austausch zwischen ihnen gab, bestand in der Vergangenheit nicht die Notwendigkeit eines religiösen Pluralismus. Heute aber – wo die Welt kleiner geworden ist – ist die Kommunikation der verschiedenen Glaubensrichtungen untereinander sehr lebhaft. In Anbetracht dieser Tatsache scheint mir ein religiöser Pluralismus ganz wesentlich. Wenn man den Wert dessen, was die verschiedenen Religionen durch die Jahrhunderte der Menschheit vermittelt haben, unvoreingenommen und sachlich prüft, findet man ausreichende Gründe, sie alle in ihrer Vielfalt zu akzeptieren und zu achten. Übrigens haben die Menschen so unterschiedliche geistige Veranlagungen, daß keine Religion, so tiefsinnig sie auch sei, sich dazu eignet, die Bedürfnisse aller zu stillen.

Doch trotz eines vielfältigen Angebots fühlen sich die meisten Menschen von heute nicht zur Religion hingezogen. Ich schätze, daß unter den fünf Milliarden Menschen dieser Erde nur eine Milliarde Gläubige sind. Anders als viele Leute, die einfach deshalb «Ich bin Christ», «Ich bin Moslem», «Ich bin Buddhist» sagen, weil sie aus einem von diesen Religionen geprägten Milieu stammen, erkennen die wirklich Gläubigen insbesondere in schwierigen Situationen, daß sie einen Glauben haben, und wenn sie sagen, «Ich bin Christ», so tun sie dies in Gedanken an Gott, beten zu ihm und bezähmen ihre negativen Emotionen. Von diesen wirklich religiösen Menschen gibt es wahrscheinlich nicht ganz eine Milliarde. Die übrigen vier Milliarden Menschen sind im wahren Sinne des Wortes Ungläubige.

Wir haben über die Nachteile einer ichbezogenen Denk- und Lebensweise nachgedacht und über die positiven Folgen der Sorge um das Wohl der anderen. Wenn wir dem zustimmen, können wir nun zu einer Übung in der buddhistischen Meditationspraxis übergehen, die «Hergeben und Aufsichnehmen» genannt wird und speziell dafür gedacht ist, die Kraft unseres Mitgefühls und unserer Liebe für die anderen Wesen zu fördern. Sie besteht im wesentlichen darin, zu visualisieren, daß man alles Leid, allen Schmerz, alle Negativität und alle unerfreulichen Erlebnisse der anderen Lebewesen auf sich nimmt und ihnen im Austausch dafür die eigenen guten Qualitäten, die eigene positive Energie, Hab und Gut und das eigene Glück gibt. Obgleich diese Übung nicht unbedingt zu einer Verminderung des Leids der anderen führen muß, ist die psychologische Wirkung, die von dieser Übung ausgeht, doch so stark, daß in Ihrem Geist eine Veränderung stattfindet und die Entwicklung von Liebe und Mitgefühl beschleunigt wird.

Diese Übung in Ihren Lebensalltag zu übernehmen ist sehr wirkungsvoll. Sie kann einen äußerst positiven Einfluß auf Ihren Geist und Ihre Gesundheit haben. Wenn sie Ihnen wert scheint, praktiziert zu werden, sollten Sie dies tun, um Ihre fundamentalen guten menschlichen Qualitäten zu fördern, einerlei, ob Sie einen Glauben haben oder nicht.

Dabei dürfen Sie eines nicht vergessen: Die

geistige Verwandlung braucht Zeit und ist nicht einfach. Im Westen mit seiner hochentwickelten Technologie wird manchmal angenommen, alles könne automatisch geschehen. Doch Sie können nicht erwarten, daß die spirituelle Verwandlung im Handumdrehen vor sich geht. So etwas ist nicht möglich. Denken Sie daran, bemühen Sie sich ständig, und Sie werden nach einem Jahr oder nach fünf, zehn, fünfzehn Jahren eine Veränderung bemerken. Auch ich finde es manchmal immer noch schwierig, diese Dinge zu praktizieren. Doch ich glaube wirklich, daß diese Übungen sehr, sehr nützlich sind.

Einer meiner Lieblingssprüche ist von Shantideva und lautet:

> Solange es fühlende Wesen gibt,
> solange der unendliche Raum besteht,
> solange will ich bleiben, um zu dienen
> oder wenigstens einen kleinen Beitrag zum Wohlergehen der anderen zu leisten.

5
Interdependenz und Wirklichkeit

Wenn wir uns dem Thema der Interdependenz, das heißt der gegenseitigen Abhängigkeit, und der Natur der Wirklichkeit zuwenden, erhebt sich als erstes die Frage: Was ist Zeit? Wir haben nur äußere Anhaltspunkte und ein inneres Empfinden oder Erleben der Zeit; als unabhängig existierende Entität gibt es sie nicht. Die äußeren Anhaltspunkte sind vergröbernd gesagt Vergangenheit, Gegenwart und Zukunft. Wenn wir aber genau sehen wollen, was «die Gegenwart» ist – das Jahr, der Monat, der Tag, die Stunde, die Minute, die Sekunde –, finden wir sie nirgendwo. Es gibt keine Gegenwart. Die Sekunde davor ist Vergangenheit und die Sekunde danach Zukunft. Wenn es keine Gegenwart gibt, wird es schwierig, von Vergangenheit und Zukunft zu sprechen, weil beide sich auf die Gegenwart beziehen. Was also die äußeren Anhaltspunkte betrifft, scheint die Vergangenheit nur in unserem Gedächtnis und die Zukunft nur in unserer Vorstellung zu existieren.

Wenn wir aber unsere inneren Erfahrungen und Bewußtseinszustände befragen, ist die Vergangenheit nicht mehr und die Zukunft noch nicht da. Hier gibt es nur Gegenwart. Die Dinge werden also ziemlich verwickelt. Dies ist das Wesen der Interdependenz, in Sanskrit *pratityasamutpada* – eine sehr nützliche Vorstellung und eines meiner Lieblingsthemen.

Das Prinzip der Interdependenz – auch «Entstehen in gegenseitiger Abhängigkeit» genannt, was besagt, daß nichts ohne die entsprechenden Ursachen und Bedingungen entsteht – hat eine konventionelle Verständnisebene und eine tiefgründige. Das Verständnis des Gesetzes von Ursache und Wirkung ist die oberflächliche Ebene. Die tiefgründigere umfaßt das ganze Spektrum der Wirklichkeit.

Die Naturgesetze sind nicht vom Karma oder von Buddha gemacht. Wir gehen davon aus, daß die Entfaltung der Buddaschaft einer natürlichen Gesetzmäßigkeit folgt. Was wir an Schmerz und Leid, Glück und Freude erleben, hängt deshalb einzig von den entsprechenden

Ursachen und Bedingungen ab. Wegen dieser natürlichen Beziehung zwischen Ursache und Wirkung muß sehr darauf geachtet werden, keine Ursachen und Bedingungen für Ereignisse oder Erfahrungen anzuhäufen, die man sich nicht wünscht, um auf diese Weise ihr Eintreten zu unterbinden. Und umgekehrt muß man sorgfältig die Ursachen und Bedingungen für eine Sache, deren Eintreten man sich wünscht, ansammeln, um sich dann am Resultat freuen zu können.

Ich halte die Beziehung zwischen einer Ursache und ihrer Wirkung deshalb für eine natürliche Gesetzmäßigkeit, weil man keine rationale Erklärung dafür hat, worauf sie beruht. In den buddhistischen Texten heißt es, daß negative Emotionen wie Haß und Ärger unerfreuliche Folgen haben und daß eine dieser Folgen in Häßlichkeit besteht. Warum das so ist, läßt sich, wie gesagt, rational nicht erklären. Trotzdem kann man diesen Sachverhalt in gewisser Weise verstehen. Wenn wir nämlich voller Haß und Wut sind, verändern sich unsere Gesichtszüge und werden ausgesprochen unschön. Andere geistige Zustände, die uns ruhig und gelassen machen, bewirken eine sofortige positive Veränderung unseres Gesichtsausdrucks. Wir können also ohne weiteres einen Zusammenhang zwischen Ursache und Wirkung erkennen, ohne daß wir eine rationale Erklärung dafür haben.

Bestimmte emotionale Zustände wie tiefes Mitgefühl bringen es mit sich, daß man eine gewisse Traurigkeit fühlt, weil man das Leiden derjenigen teilt, denen unser Mitgefühl gilt. Hier muß man wissen, daß diese Traurigkeit etwas ganz anderes ist als die eines Menschen, der deprimiert oder verzweifelt ist und sich von seinem Leiden überwältigen läßt. Ein Mensch, der aus Mitgefühl leidet, verliert nicht die Kontrolle über sich, weil er in gewisser Weise die Leiden der anderen willentlich auf sich nimmt. An der Oberfläche mag es so aussehen, als ob beide Menschen auf gleiche Weise leiden, in Wirklichkeit aber besteht ein großer Unterschied.

Wenn Ihnen klar geworden ist, wie wichtig es ist, die Beziehung zwischen Ursache und Wirkung zu beachten, werden Sie die Lehre von den Vier Edlen Wahrheiten zu würdigen wissen, die völlig auf dem Prinzip der Kausalität aufbaut. Eine ins Detail gehende Erklärung dieses Prinzips finden Sie in der Lehre von der Zwölfgliedrigen Kette des abhängigen Entstehens. Buddha sagt hier Folgendes: Wenn eine bestimmte Ursache da ist, folgt eine Wirkung;

weil die Ursache geschaffen wurde, entstand die Wirkung; weil Unwissenheit beteiligt ist, folgt Handlung oder Karma.

Die erste dieser drei Behauptungen – die Wirkung tritt ein, weil die Ursache dafür da ist – besagt, daß das Eintreten der Wirkung rein auf eine Anhäufung der entsprechenden Ursachen und Bedingungen zurückzuführen ist und daß es abgesehen von diesem Kausalprozeß keine äußere Kraft wie einen Schöpfergott gibt, der die Dinge erschafft.

Die zweite Aussage weist auf ein anderes wichtiges Charakteristikum des Entstehens in Abhängigkeit hin, daß nämlich die Ursache, die die Wirkung nach sich zieht, ihrerseits ebenfalls eine Ursache haben muß. Wäre diese Ursache in einer ewig bestehenden Entität zu suchen, könnte diese Entität nicht die Wirkung von etwas anderem sein und hätte nicht das Potential, eine Wirkung zu erzeugen. Es muß also erstens eine Ursache da sein, und zweitens muß diese Ursache ebenfalls eine Ursache haben.

Die dritte Aussage betrifft ein weiteres, wesentliches Merkmal des Prinzips des abhängigen Werdens. Sie besagt, daß keineswegs irgend etwas X-beliebiges von irgend etwas X-beliebigem hervorgebracht wird. Die Wirkung einer Ursache ist nichts Beliebiges. Ursache und Wirkung stehen vielmehr in einer ganz bestimmten Beziehung zueinander. Buddha illustriert dies am Beispiel der Unwissenheit, die zur Tat führt. Wer begeht die Tat? Ein lebendes Wesen, und dadurch, daß es sie begeht, schafft es die Bedingungen für seinen eigenen Untergang. Da niemand sich Unglück oder Leiden wünscht, ist es die Wirkung der Unwissenheit, daß die Wesen Taten begehen, die unerwünschte Folgen haben.

Die zwölf Glieder der Kette des abhängigen Entstehens zerfallen in drei Gruppierungen: Zuerst kommen die negativen Emotionen und Gedanken, dann das Handeln mit den Prägungen, die es hinterläßt, und schließlich die Wirkung, d. h. Leiden. Da kein einziges lebendes Wesen sich Unglück und Leiden wünscht, ist es der Unwissenheit zuzuschreiben, daß die Wesen Taten begehen, die diese unerwünschten Wirkungen nach sich ziehen. Durch von Unwissenheit gelenkte Taten bewirken sie selbst ihr Unheil. Buddha behauptet nicht, daß Leiden die Wirkung von Bewußtheit sei, denn dann würde der Läuterungs- und Befreiungsprozeß zwangsläufig darin gipfeln müssen, dem Bewußtseinskontinuum ein Ende zu setzen.

Aus dieser Lehre Buddhas folgt also, daß das in negativen Emotionen und Gedanken gründende Leiden beseitigt werden kann. Der unwissende Geisteszustand läßt sich beseitigen, indem wir die Einsicht zur Erkenntnis der Natur der Wirklichkeit fördern.

Wir haben also gesehen, daß die zwölf Glieder der Kette des abhängigen Entstehens, die zum Eintritt in den Daseinskreislauf führt, alle untereinander verbunden sind. Könnten wir dieses Prinzip in unserer Wahrnehmung der Realität zur Anwendung bringen, würde uns große Einsicht erwachsen. So könnten wir zum Beispiel erkennen, wie unsere eigenen Interessen mit denen der anderen verknüpft sind, wie das Wohl der Menschen von dem der Tiere abhängt, die Mitbewohner des Planeten Erde sind. Die Abhängigkeit, die zwischen dem Wohlergehen des Menschen und seiner Umwelt besteht, würde uns klar werden. Wir würden die Gegenwart und die Zukunft in Betracht ziehen, und wir würden eine ganzheitliche Sicht der Realität erlangen, die weitreichende Folgen haben könnte.

Wie Sie sehen, gibt es keine unabhängigen Ursachen für unser eigenes Glück. Es hängt vielmehr von vielerlei Faktoren ab. Um unsere persönliche Zukunft glücklicher zu gestalten, müssen wir für alles Sorge tragen, was mit uns verbunden ist. Dies scheint mir eine sehr nützliche Sichtweise zu sein.

Bisher habe ich Ihnen das Prinzip des abhängigen Entstehens von der konventionellen Verständnisebene her erläutert. Die buddhistischen Schriften betonen, wie wichtig es ist, sie zu verstehen. Shantideva sagt in seinem *Kompendium der Taten*, in dem viel aus den Sutras zitiert wird, daß zuerst die Verbundenheit aller Ereignisse und Phänomene anerkannt werden muß: wie sie durch den Kausalprozeß und seine Bedingungen in Erscheinung treten und wie entscheidend es ist, diese konventionelle Realität zu respektieren, weil uns auf dieser Ebene der Zusammenhang zwischen Ursache und Wirkung klar wird. Danach, so sagt Buddha, müssen wir diese Ebene überschreiten und die letzte Natur der miteinander verbundenen Dinge erforschen – womit auf die Leerheit hingewiesen wird.

Buddha lehrt in der Zwölfgliedrigen Kette des abhängigen Entstehens, daß Unwissenheit der Grund dafür ist, daß die Lebewesen, die doch alle Leiden vermeiden möchten, Taten begehen, die jene Folgen nach sich ziehen, die sie sich nicht wünschen. Hier erhebt sich nun die Frage nach der Natur von Unwissenheit. Welches ist der Mechanismus, der dazu führt, daß man sich konträr zu dem verhält, was man zutiefst will? Als Antwort verweist Buddha auf die negativen Emotionen und Gedanken, die uns blind machen für das wahre Wesen der Realität. Wenn wir den Geisteszustand eines Menschen erforschen könnten, der intensiven Haß oder extremes Anhaften verspürt, würden wir entdecken, daß der Betreffende an diesem Punkt eine verfälschte Vorstellung des Selbst hat: die selbstverständliche Annahme eines Ichs, das unbewußt für eine Art Herrscher gehalten wird. Einerseits nicht völlig von Körper und Geist unabhängig, aber auch nicht identisch mit ihm, ist da etwas, was wir für unseren Kern halten, das Ich/Selbst, und nach dieser Identität greifen wir mit aller Kraft. Auf dieser Basis haben wir dann intensive emotionale Erfahrungen, wie Haften an denen, die wir lieben, und Haß für jene, die uns bedrohlich scheinen.

Wenn wir in gleicher Weise prüfen könnten, wie wir eigentlich das Objekt unseres Verlangens oder Hasses wahrnehmen, würden wir merken, daß wir es für eine eigenständig existierende Entität halten, für etwas, das unser Verlangen oder unseren Haß verdient. Doch auch ohne uns auf den Grundsatz von der Leerheit zu stützen, fällt uns im alltäglichen Leben öfter auf, daß ein Unterschied besteht zwischen der Art und Weise, wie wir die Dinge wahrnehmen und wie sie in Wirklichkeit sind – wäre dies nicht der Fall, gäbe es den Gedanken der Täuschung nicht. Manchmal sind wir völlig desillusioniert, weil wir die Realität falsch wahrgenommen haben. Wenn unsere Illusion geplatzt ist, stellen wir fest, daß wir uns getäuscht haben und daß die Realität einer Situation nicht unbedingt mit dem, wie sie uns erscheint, übereinstimmen muß.

Ähnliches gilt für die vergängliche Natur der Phänomene. Auch hier besteht oftmals keine Übereinstimmung zwischen unserer Sicht der Dinge und ihrer wirklichen Seinsweise. So sagen wir z. B., wenn wir jemanden treffen: «Oh, dies ist derselbe Mensch, den ich schon seit langer Zeit kenne.» Beim Anblick eines bestimmten Gegenstandes denken wir: «Oh, dies ist das gleiche Objekt, das ich vor zwei Tagen gesehen habe.» Was wir hier über die Realität aussagen, ist sehr grobschlächtig. Tatsächlich vermischen wir unser Bild oder unsere Vorstellung von einer Entität mit der momentanen Realität. Der Gegenstand unserer Wahrnehmung ist aber dynamisch, vergänglich, momentan und niemals der gleiche, den wir zwei Tage zuvor gesehen haben.

Auch in der modernen Physik kommt man zu der Feststellung, daß es eine Ungleichheit gibt zwischen der Sicht der Realität des gesunden Menschenverstandes und einer wissenschaftlichen Erklärung des Wesens der Realität.

Was uns also klar wird, ist die Tatsache, daß in unserer Identifizierung mit einem individuellen Wesen als Selbst, als Person, ein Irrtum liegt. Die Frage ist nur, bis zu welchem Grad. Die Behauptung, daß das Ich oder Selbst überhaupt nicht existiert, kann nicht stimmen, denn all unsere Projekte, unser Handeln und unsere Interessen wären dann völlig sinnlos. Weil es ein Ich gibt, erhält unser Interesse am Erlangen der Erleuchtung, am Wohl der anderen ein solches Gewicht: Da ist jemand, dem – je nachdem, wie wir uns verhalten – Leid oder Gutes zugefügt wird. Bis zu welchem Grad ist nun unser Ich-Begriff, unser Identitätsgefühl, unser Selbstverständnis als Individuum irrig und bis zu welchem Grad richtig? Dies festzustellen ist äußerst schwierig. Weil es für unser Streben, uns vom Leiden und seinen Ursachen zu befreien, erforderlich ist, eine diesbezügliche Grenze zu ziehen, sind in Indien verschiedene philosophische Schulrichtungen entstanden, von denen einige die «Identitätslosigkeit» des einzelnen, nicht aber von Ereignissen und Phänomenen annehmen, andere nicht nur die «Identitätslosigkeit» der Einzelwesen, sondern die von allem Existierenden.

Es ist bekannt, daß der Grundsatz vom Nicht-Selbst oder *anatman* von allen buddhistischen Schulrichtungen vertreten wird. Er verneint die Existenz eines unabhängigen und ewig bestehenden Selbst, einer unvergänglichen Seele. Ich möchte Ihnen hierzu die Meinung von Nagarjuna vorstellen, wie sie von dem indischen Gelehrten Chandakirti interpretiert wird. Nagarjuna sagt in seinem philosophischen Hauptwerk über den Mittleren Weg, daß Unwissenheit oder ein falsches Verständnis vom Wesen der Realität zur Ursache unseres Leidens wird. Nagarjuna zufolge gibt es zwei Arten der Unwissenheit. Die eine besteht darin, an der Vorstellung eines uns innewohnenden Selbst mit einer realen Existenz zu haften; die andere, den äußeren Ereignissen und Dingen eine ihnen innewohnende, wirkliche Existenz zuzuschreiben. Dieses Festhalten an einem Ich oder Selbst entsteht als Resultat des Festhaltens an unseren verschiedenen Aggregatszuständen, nämlich Körper, Geist und mentale Funktionen. Nach Nagarjuna ist es einleuchtend, daß die Unwissenheit von innen heraus beseitigt werden muß, daß wir unsere verkehrte Vorstellung durchschauen müssen. Aber durch einfaches Denken, daß dieses Festhalten an der Vorstellung eines Ichs falsch und schädlich ist, kann man sich nicht daraus befreien. Nur indem man die Einsicht in die letzte Natur der Dinge entwickelt, kann der unwissende Geisteszustand beseitigt werden.

Wie läßt sich diese Einsicht entwickeln, die unserer falschen Wahrnehmung entgegenwirkt? Wie können wir die Illusion unserer Vorstellung von einem Selbst durchschauen? Nagarjuna sagt hierzu Folgendes: Würde das Ich so, wie wir normalerweise annehmen, existieren, müßte es um so deutlicher hervortreten, je mehr wir nach ihm, seinem Wesen, nach dem, was hinter seiner Benennung steht, suchen. Das ist jedoch keineswegs der Fall. Je mehr wir danach suchen, um so mehr entzieht und verflüchtigt es sich, was ein Zeichen ist, daß unsere Vorstellung davon von Anfang an eine Täuschung war. Auf diesen Punkt geht Aryadeva, ein Schüler von Nagarjuna, in seinem Werk *Vierhundert Verse über den Mittleren Weg* ein, indem er sagt, daß unsere Unwissenheit der Same für Samsara, den Daseinskreislauf, ist.

In Nagarjunas eigenen Schriften finden sich zahlreiche Vernunftgründe, mit deren Hilfe unsere falschen Vorstellungen von einem Selbst ausgeräumt werden. Er sagt hier Folgendes: Wäre das Selbst, die Person, identisch mit dem Körper, so müßte es den gleichen Gesetzen wie dieser unterliegen, das heißt momentan und vorübergehend sein und sich jeden Tag ändern. Es müßte zusammen mit dem Körper enden. Wäre das Selbst andererseits völlig unabhängig, so könnte man nicht von einer Person, die körperlich krank ist, sagen: «Diese Person ist krank.» Deshalb kann es, abgesehen von den mannigfaltigen Beziehungen zwischen verschiedenen Faktoren, die unser Dasein bewirken, kein unabhängiges Selbst geben.

Wenn wir die äußere Realität in diese Analyse einbeziehen, so finden wir hier, daß jedes materielle Objekt räumlich ausgerichtete Teile hat. Wir wissen, daß etwas aus Teilen Zusammengesetztes keine unabhängig existierende Entität sein kann, weil zwischen dem Ganzen und seinen Teilen notwendigerweise eine Abhängigkeit besteht.

Auch das Bewußtsein oder die geistigen

Phänomene lassen sich in diese Analyse miteinbeziehen, der Unterschied besteht lediglich darin, daß hier die Merkmale nicht materiell und physisch sind. Die Analyse betrifft die Momente, die ein Kontinuum bilden.

Bedeutet die Tatsache, daß sich hinter dem Namen, den wir den Dingen geben, kein Kern finden läßt, daß nichts existiert? Oder anders formuliert: Ist mit der Lehre von der Leerheit das Nichtvorhandensein einer den Phänomenen innewohnenden Existenz gemeint? Die Realisten kritisieren Nagarjunas These, eine Essenz der Dinge sei nicht auffindbar, indem sie folgendermaßen argumentieren: Wenn die Dinge nicht so existieren, wie wir sie wahrnehmen, wenn sich ihre Essenz nicht auffinden läßt, dann existieren sie auch nicht. Dann kann es keine Person, kein Selbst geben. Und wenn es keine Person gibt, dann gibt es kein Handeln und kein Karma, denn der Gedanke des Karma schließt jemanden ein, der Taten begeht. Wenn es kein Karma gibt, kann es auch kein Leiden geben, da es niemanden gibt, der es erfährt. Und wenn dies der Fall ist, gibt es keine Möglichkeit der Befreiung, weil da nichts ist, von dem man sich befreien könnte. Folglich gibt es keinen Weg, der zur Befreiung führt. Und wenn dies der Fall ist, kann es auch keinen

Sangha, keine spirituelle Gemeinschaft geben, die den Weg zur Befreiung geht. Folglich kann es auch kein vervollkommnetes Wesen, keinen Buddha, geben, kein Samsara und kein Nirvana.

Für Nagarjuna zeugen derartige Schlußfolgerungen von einem mangelnden Verständnis des Prinzips der Leerheit. Dieses besagt nicht, daß nichts existiere; es ist auch nicht völlig mit der These der Unauffindbarkeit einer inhärenten Existenz der Dinge identisch. Was mit Leerheit gemeint ist, ist vielmehr die interdependente Natur der Wirklichkeit.

Nagarjuna fährt fort, indem er die Behauptung erklärt, daß sich die wahre Bedeutung der Leerheit aus einem Verständnis des abhängigen Entstehens ergibt: Weil die Erscheinungsformen in Abhängigkeit entstehen, weil sie als ein Resultat von untereinander abhängigen Beziehungen zwischen Ursachen und Bedingungen auftreten, sind sie leer, leer von einer unabhängigen und inhärenten Existenz. Diese Sichtweise anzuerkennen ist Madhyamika, der Mittlere Weg.

Der Lehrsatz vom abhängigen Entstehen macht also die beiden Extreme einer absolutistischen oder nihilistischen Sichtweise zunichte. Er befreit uns von der extremen absolutistischen Sichtweise, weil der Gedanke der Abhängigkeit auf eine Existenzweise hinweist, die nicht unabhängig und ewig bestehend ist. Vom Extrem des Nihilismus befreit er, weil «Entstehen» darauf hinweist, daß die Dinge da sind, also existieren.

Ich habe bereits betont, daß die Unauffindbarkeit einer Eigenexistenz der Erscheinungsformen nicht ganz das gleiche wie Leerheit ist, es wird dadurch nur aufgezeigt, daß die Phänomene keine wirkliche Realität, keine unabhängige, inhärente Existenz besitzen. Ihre Identität stammt aus dem Zusammenwirken mannigfaltiger Faktoren, wie Buddhapalita, ein Schüler von Nagarjuna, sagt.

Man kann also nur dann zum vollen Verständnis der Leerheit gelangen, wenn man die Feinheiten dieses Grundsatzes vom abhängigen Entstehen versteht, wenn man zu dem Schluß kommt, daß sich auf der Suche nach dem Kern der Erscheinungsformen nichts finden läßt. Nagarjuna stellt fest, daß, sofern das Prinzip der Leerheit nicht gültig sein sollte und die Erscheinungsformen eine unabhängige Eigenexistenz aufweisen würden, diese dann unvergänglich sein müßten. Dann wäre kein Platz für das Prinzip des abhängigen Entstehens und der Interdependenz. Wenn das der Fall wäre, würde das Gesetz von Ursache und Wirkung nicht funktionieren, und ohne dieses würden die Vier Edlen Wahrheiten hinfällig. Dies käme einer Verneinung der gesamten Lehre des Buddha gleich, und Nagarjuna hält seinen Kritikern, den Realisten, in der Tat entgegen, daß der von ihnen vertretene Standpunkt Buddhas Lehre in Frage stellen würde. Nach Nagarjuna kann eine philosophische Denkrichtung, welche den Grundsatz von der Leerheit nicht anerkennt, nichts zusammenhängend erklären, während im umgekehrten Fall mit Hilfe der Doktrin des abhängigen Entstehens, d. h. der Leerheit, die Realität in kohärenter Weise erklärt werden kann.

Wir kommen nun zu einer weiteren, sehr interessanten Beziehung zwischen den schon erwähnten beiden Verständnisebenen des abhängigen Entstehens. Aus der Perspektive der konventionellen Verständnisebene, auf der eine Interaktion zwischen Ursachen und Bedingungen stattfindet und das Gesetz von Ursache und Wirkung gilt, werden viele unserer Alltagserfahrungen verständlich. Diese Perspektive wird im Buddhismus die richtige Sicht auf der weltlichen Ebene genannt. Je klarer Ihnen diese wird, desto mehr erschließt sich Ihnen die tiefere Verständnisebene, weil das Verstehen der Mechanismen von Ursache und Wirkung zu dem Verständnis der leeren Natur aller Phänomene führt. Und umgekehrt: Wenn sich Ihre Einsicht in die Leerheit der Dinge vertieft, verstärkt sich dadurch Ihre Überzeugung von der Wirksamkeit des Kausalgesetzes, was dazu führt, daß Sie die konventionelle Realität der relativen Welt eher respektieren.

Aus der zunehmenden Einsicht in die Leerheit als letzte Natur der Realität entwickelt sich eine Art und Weise der Wahrnehmung, durch die Sie die Phänomene und Ereignisse als eine Art von Illusion erkennen, und diese Wahrnehmungsweise wird sich auf all Ihre Interaktionen mit der Realität ausweiten. Als Folge davon werden Sie in einer Situation, in der Sie Mitgefühl erzeugen, statt den Gegenstand Ihres Mitgefühls aus größerem Abstand zu sehen, sich voller und tiefer engagieren. Der Grund hierfür ist, daß Mitgefühl auf einer gültigen Denkweise basiert und Sie eine tiefere Einsicht in die Natur der Realität gewonnen haben. Und umgekehrt werden Sie in Situationen, in denen Sie normalerweise mit negativen Emotionen reagieren würden, mehr Abstand zu diesen haben und Ihrem Haß, Ihrer Gier usw. nicht mehr zum Opfer fallen.

Zu Anfang habe ich davon gesprochen, welche Vorstellung wir von der Zeit haben. Wir gehen von der Voraussetzung aus, daß es eine unabhängig existierende Entität namens Zeit gibt, und zwar in Form von Vergangenheit, Gegenwart und Zukunft. Doch wenn wir diese Vorstellung einer genauen Prüfung unterziehen, stellt sie sich als rein konventionelle Übereinkunft heraus. Abgesehen von der Nahtstelle zwischen den drei Zeitformen – Vergangenheit, Gegenwart und Zukunft – gibt es nichts, was ein unabhängig existierender gegenwärtiger Augenblick wäre. Wir gelangen also zu einer dynamischeren Sicht der Realität.

Was uns selbst angeht, unsere eigene Person, so gilt hier ganz ähnliches. Wir nehmen einfach blindlings an, ein unabhängiges Ich oder Selbst zu haben, doch wenn wir genau hinschauen, finden wir, abgesehen vom Interface verschiedenartiger Faktoren, die unser Sein ausmachen, und den Momenten, aus denen unser Kontinuum gebildet ist, nichts, was eine absolute, unabhängige Entität wäre. Da es sich um ein lediglich konventionell angenommenes «Ich» oder «Selbst» handelt, das den Weg zur Befreiung geht oder schließlich zum Buddha wird, ist auch Buddha nichts absolut Existierendes.

Für das schon erwähnte Phänomen des Klaren Lichts, das die subtilste Bewußtseinsebene darstellt, gilt das gleiche. Es sollte nicht als eine selbstständig existierende Entität verstanden werden. Abgesehen von dem Bewußtseinskontinuum, welches dieses Phänomen hervorbringt, gibt es nichts, was als absolut existierende Entität mit dem Namen Klares Licht bezeichnet werden könnte.

Dazu kommt, daß viele unserer Vorstellungen auf sehr komplexe und tiefgehende Weise miteinander verkoppelt sind. So ist es beispielsweise nur in Zusammenhang mit einem Objekt sinnvoll, von sich selbst als Subjekt zu sprechen. Auch die Tat gibt es nur in Relation mit einem Täter. Bei einer Überprüfung vieler dieser Konzepte finden wir schnell heraus, daß sich ein Phänomen eigentlich nicht von seinem Kontext trennen läßt.

Wenn wir nun, hinausgehend über die Vorstellung, daß die Dinge lediglich Begriffsbestimmungen sind, die Frage stellen, wessen Vorstellung diese Begriffsbezeichnungen hervorbringt – die Vorstellungen eines einzelnen Wesens oder kollektive, vergangene oder zukünftige usw. –, so werden wir auch hier keine unabhängig existierende Entität auffinden können.

Auch die Leerheit als letzte Natur der Wirklichkeit ist nichts Absolutes, eigenständig Existierendes. Sie ist nicht als von der Grundlage der Phänomene unabhängig denkbar, weil nur das Erforschen der Natur der Phänomene zur Erkenntnis führt, daß sie leer, ohne inhärente Existenz sind. Machen wir dann die Leerheit selbst zum Gegenstand unserer Untersuchung und fragen nach ihrer Essenz und ihrer Seinsweise, so stellt sie sich ebenfalls als ohne inhärente Existenz heraus. Aus diesem Grund spricht Buddha von der Leerheit der Leerheit. Alles was wir finden, wenn wir nach dem Kern von Phänomenen oder Ereignissen suchen, ist Leerheit. Was aber nicht heißen soll, Leerheit sei etwas Absolutes, denn als Konzept oder Entität hält sie dieser Analyse nicht stand. Wenn wir nach ihr suchen, finden wir nichts. Dennoch trägt sie in manchen Texten die Bezeichnung höchste Wahrheit – nicht deshalb, weil sie etwas Absolutes oder absolut wahr wäre, sondern weil diese höchste Wahrheit ein Objekt der Einsicht ist, die in das innerste Wesen der Wirklichkeit eindringt.

6
Herausforderungen für die Menschheit

Unser gegenwärtiges Zeitalter hat auf dem Gebiet der materiellen Entwicklung ungeheure Fortschritte erlebt, wodurch sich das Leben der Menschen erheblich verbessert hat. Gleichzeitig wissen wir aber, daß dies nicht ausreicht, um die Bedürfnisse der Menschheit zu stillen. Der rasche Fortschritt bringt zunehmend Probleme mit sich und stellt uns vor große Herausforderungen. Daher glaube ich, daß die großen Weltreligionen das Potential haben, zum Wohlergehen und Heil der Menschheit beizutragen und auch in unserem modernen Zeitalter weiterhin ihre Bedeutung beizubehalten.

Weil sie sich jedoch zum größten Teil in einer längst vergangenen Epoche der Geschichte entwickelt haben, scheinen viele Aspekte ihrer Lehren und Überlieferungen die

Bedürfnisse und Interessen einer anderen Zeit widerzuspiegeln. Ich halte deshalb eine Unterscheidung zwischen dem, was ich den Kern der Überlieferung nenne und deren zeitspezifischen kulturellen Zusammenhang für wichtig. Die Essenz, der Kern der religiösen Traditionen, ist die Botschaft der Liebe und des Mitgefühls, die durch alle Zeiten und in allen Situationen ihre Gültigkeit behält. Davon abgesehen sollten die Angehörigen der verschiedenen Religionsgemeinschaften die durch den Wandel der Zeiten notwendigen Änderungen nachvollziehen und sich den besonderen Bedürfnissen ihrer Zeit und Kultur anpassen.

Die eigentliche Aufgabe für den, der seine Religion praktiziert, ist die Erforschung des eigenen Geistes, das Bemühen, Körper, Rede und Geist zu verwandeln und gemäß den Lehren und Grundsätzen der jeweiligen Religion zu leben. Dies ist sehr wichtig! Ich halte es für einen schwerwiegenden Mangel, wenn Religion in bloßem intellektuellem Wissen endet, wenn man ihre Dogmen und philosophischen Lehrsätze beherrscht, ohne sie in sein Verhalten zu übernehmen. So etwas kann sich sehr destruktiv auswirken. Es kann zu Situationen führen, in denen die Religion zu Manipulation und ausbeuterischen Zwecken benutzt wird.

Wir als Praktizierende sollten uns deshalb genaue Rechenschaft über unser Verhalten ablegen.

In der Vergangenheit haben die menschlichen Gemeinschaften und Gesellschaftsordnungen ein voneinander weitgehend unberührtes Leben geführt, das heißt, monolithische Kulturen und Religionen hatten ihren Sinn und Platz. Unsere heutige Welt ist anders. Die Lage hat sich als Resultat eines Zusammenwirkens verschiedener Faktoren völlig verändert. Die einzelnen Länder sind untereinander leicht zu erreichen, Transportmöglichkeiten und Nachrichtenwesen haben eine revolutionäre Entwicklung erfahren. Das Zusammenleben der Menschen kann also nicht mehr nach dem alten Modell funktionieren.

Nehmen wir eine multikulturelle Stadt wie London mit den verschiedensten Religionsgemeinschaften. Wenn man nicht vorsichtig ist und seine Intelligenz nicht einsetzt, ist ständig die Gefahr eines Konflikts zwischen den verschiedenartigen Kulturen und Religionen gegeben. Es ist also entscheidend, eine Sichtweise zu haben, die die religiöse und kulturelle Pluralität miteinbezieht. Am besten begegnet man dieser Herausforderung, indem man sich nicht nur ein Buchwissen über die anderen spirituellen Traditionen aneignet, sondern – was noch viel wichtiger ist – mit den Angehörigen der verschiedenen Glaubensgemeinschaften Erfahrungen austauscht und von ihnen lernt. Nur durch den persönlichen Kontakt lernt man den Wert der anderen Religionen wirklich zu schätzen.

Aus einer umfassenderen Perspektive gesehen, liegen die Gründe für eine Wertschätzung des kulturellen und insbesondere des religiösen Pluralismus auf der Hand. Die Menschen haben derartig mannigfaltige und unterschiedliche geistige Anlagen und Interessen. Je größer also die Vielfalt des Angebots an Religionen ist, desto besser können die Bedürfnisse der Menschen gestillt werden.

In der Geschichte der Menschheit war der religiöse Glaube oftmals der Grund für tragische Konflikte. Auch heute noch gibt es blutige Auseinandersetzungen im Namen der Religion. Die Menschheit zerfällt immer noch in feindliche Lager. Würden wir uns mit diesen Problemen auseinandersetzen, so stellten wir fest, daß es genügend Berührungspunkte zwischen den einzelnen Religionen gibt, um ein harmonisches Zusammenleben und gegenseitige Achtung zu entwickeln.

Die Umwelt ist eine weitere Herausforderung, mit der die Menschheit konfrontiert ist. Eine Anzahl prominenter Umweltschützer haben ihren Wunsch zum Ausdruck gebracht, die einzelnen Religionen und insbesondere ihre führenden Persönlichkeiten sollten auf diesem Gebiet mehr Initiative zeigen. Dies ist ein Anliegen, das ich voll unterstütze. Meiner persönlichen Meinung nach sind sehr viele Umweltprobleme auf unsere unersättlichen Ansprüche, unseren Mangel an Zufriedenheit und unsere Gier zurückzuführen. In den religiösen Lehren finden sich zahlreiche Unterweisungen darüber, wie man seine Wünsche und Begierden kontrolliert und sein Verhalten zum Positiven ändern kann. Die Religionen haben nicht nur das Potential, sondern auch die Verantwortung, einen Beitrag in dieser Richtung zu leisten.

Und noch etwas anderes halte ich für eine wichtige Aufgabe, für die sich die Religionen verantwortlich fühlen sollten: das Errichten einer gemeinsamen Front gegen Kriege und Konflikte. Ich weiß, im Laufe der Geschichte der Menschheit haben Kriege in vereinzelten Fällen zu Freiheit und dem Erreichen bestimmter Ziele geführt. Trotzdem glaube ich nicht, daß Kriege zu einer endgültigen Lösung von Konflikten verhelfen können. Ich halte es für wichtig, daß die verschiedenen Religionen sich vereint gegen jeden Gedanken an Krieg aussprechen. Rein verbaler Widerstand genügt aber nicht. Um Kriegen und Konflikten ein Ende zu bereiten, müssen wir aktiv etwas unternehmen, und wir müssen die Frage der Abrüstung hier ernsthaft bedenken. Ich bin mir bewußt, daß die negativen Emotionen des Menschen, Haß und Wut, der auslösende Faktor für die Nachfrage nach Waffen sind. Die negativen Emotionen gänzlich aus dem Geist der menschlichen Wesen zu entfernen ist jedoch nicht möglich. Wir können ihre Kraft abmildern und schwächen, völlig eliminieren lassen sie sich nicht. Das heißt, wir müssen uns ernsthaft um eine militärische Abrüstung bemühen.

Eine weitere Herausforderung der Menschheit stellt die Überbevölkerung dar. Gewiß, alle religiösen Traditionen sehen im Leben – und besonders im menschlichen Leben – etwas Kostbares. Vom einzelnen Menschen aus gesehen, ist es um so besser, je mehr Menschen es gibt, weil dadurch mehr Möglichkeiten gegeben sind, als menschliche Wesen geboren zu werden. Aber ein globaler Blick auf dieses Thema macht meiner Meinung nach für alle Religionen die zwingende Notwendigkeit klar, über die Bevölkerungsexplosion nachzudenken. Die Erde verfügt über begrenzte Reserven, die nur noch bis zu einem gewissen Grad für den Unterhalt der Menschen auf diesem Planeten ausreichen.

7
Fragen an den Dalai Lama

Über Umweltverschmutzung und das Ende des Universums:
Eure Heiligkeit, wie kann die Umweltverschmutzung auf unserem Planeten gestoppt werden? Gibt es ein Ende des uns bekannten Universums und der Menschheit, im Sinne einer Selbstreinigung, damit ein Neuanfang erfolgen kann?

Natürlich gibt es auch vom buddhistischen Standpunkt aus einen Anfang und ein Ende. Das ist nur logisch und ein Naturgesetz. Ob wir es nun Urknall nennen oder anders, es gibt einen Anfang, d. h. einen Prozeß der Evolution. Also muß es auch ein Ende geben. Aber wie dem auch sei, ich glaube nicht, daß das Ende vor Ablauf vieler Millionen von Jahren kommen wird.

Nun zur Umweltverschmutzung. Ich komme, wie Sie wissen, aus Tibet. Als wir noch in unserem Land lebten, gab es diese Sorgen nicht. Alles war völlig sauber. Es war eine echte Überraschung für mich, als ich später von Umweltproblemen hörte und man mir sagte, es gäbe Wasser, das ich nicht trinken könne. Ich habe dann mein Wissen erweitert.

Die Umwelt ist ein sehr, sehr ernstzunehmendes Thema. Diese Frage betrifft nicht nur ein paar Nationen, sondern das Überleben und die Gesundheit der gesamten Menschheit. Wenn wir uns alle dessen bewußt sind und uns entsprechend verhalten, könnten wir die Probleme in Grenzen halten. Als ich vor einigen Jahren in Stockholm war, erzählten mir meine Freunde, daß es seit langem keine Fische mehr in dem dortigen Fluß gegeben habe, weil sein Wasser derartig vergiftet war. Als Folge der Umweltkontrolle waren zur Zeit meines Besuches schon wieder einige Fische darin zu sehen. Es ist also durchaus möglich, die Dinge zu verbessern.

Mord und Zerstörung, Zustände wie in Bosnien, erregen sofort unsere Aufmerksamkeit. Die Vergiftung der Umwelt und damit zusammenhängende Probleme fallen uns weniger auf. Die Verschlechterung geht schleichend im

Verlauf von Monaten und Jahren vor sich, und wenn sie dann augenfällig wird, ist es meist schon zu spät. Es handelt sich deshalb um ein außerordentlich ernstes Thema. Mich ermutigt jedoch, daß vielerorts die Menschen sich engagieren und politische Parteien sich die Ideen des Umweltschutzes zur Grundlage gemacht haben. Ich denke, dies ist eine sehr gesunde Entwicklung. Es besteht also Grund zur Hoffnung.

Über das Leiden:
In unserer modernen Welt versucht man dem Leiden aus dem Weg zu gehen. Was aber nur verstärktes Leiden zu schaffen scheint, insofern als das positive Werk eines Menschen zum Leiden eines anderen werden kann, wie z.B. auf dem Gebiet der Medizin, der Politik usw. Sollten wir nicht eher eine gewisse Dosis von Leid und Unannehmlichkeit akzeptieren?

Ich glaube, daß es viele verschiedene Ebenen des Leidens gibt. Ganz allgemein ist es tatsächlich möglich, das Niveau des Leidens zu senken. Ich teile die Meinung, daß die für unser Glück und Wohlergehen nötigen Bedingungen notwendigerweise das Leben von anderen beeinträchtigen und schädigen müssen, nicht.

An dieser Stelle möchte ich eine Bemerkung machen. Ich habe das Gefühl, im Fernsehen und in Zeitungen wird hauptsächlich über negative Ereignisse berichtet. Morde und unerfreuliche Vorkommnisse erscheinen sofort in den Nachrichten. Zur gleichen Zeit aber erfahren Millionen von Menschen wie Kinder, Alte und Kranke menschliche Zuwendung und Hilfe, werden ernährt und umsorgt. In unserer Vorstellung sind diese positiven Dinge irgendwie selbstverständlich. Sie scheinen nichts zu sein, das unsere besondere Aufmerksamkeit verdient und wert ist, darüber zu berichten – was man als Beweis dafür nehmen kann, daß Mitgefühl und Zuwendung das eigentliche Wesen des Menschen ausmachen. All diese liebevolle Arbeit scheint uns natürlich. Blutvergießen hingegen überrascht uns. Wir sind schockiert, weil es unserem tiefsten Wesen nicht entspricht.

Als Folge dieser negativen Berichterstattung bekommen aber viele Leute den Eindruck, die menschliche Natur sei schlecht, aggressiv und gewalttätig. Psychologisch gesehen ist das sehr bedenklich, besonders für kleine Kinder, denen im Fernsehen die negativen Seiten des Menschen gezeigt werden. Für einen Augenblick mag dieses Morden und Prügeln ganz aufregend sein. Auf lange Sicht gesehen ist die gezeigte Gewalt aber außerordentlich gefährlich für die menschliche Gesellschaft. Kürzlich hatte ich ein Gespräch mit dem Philosophen Karl Popper, den ich seit meinem ersten Besuch in England im Jahre 1973 kenne. Wir sprachen über die im Fernsehen gezeigte Gewalt, und er teilte meine Meinung, daß davon ein sehr negativer Einfluß auf den Geist von Millionen von Kindern ausgehe. Die Kinder richtig zu erziehen ist das wichtigste Element in der Hoffnung auf eine bessere Zukunft.

Über Rassismus, religiösen Fanatismus und menschlichen Wahnsinn:
Rassismus, Fanatismus und menschlicher Wahnsinn scheinen im Zunehmen begriffen. Auf welche negativen Faktoren führen Sie dies zurück? Mit welchen positiven Faktoren läßt sich dieser Trend bekämpfen?

Ich glaube, daß viel von der Erziehung abhängt. Je genauer Sie informiert sind, je wacher Sie sind und je mehr Kontakte Sie haben, desto besser. Dazu muß natürlich eine offene Einstellung kommen. Sie sind ja nur eines von fünf Milliarden menschlicher Wesen, und die Zukunft des einzelnen hängt sehr von den anderen ab. Ein mangelndes Wissen um andere Kulturen und Gesellschaftsordnungen scheint mir Teil dieses Problems, ebenso wie ein fehlendes Verständnis für die Realität des modernen Lebens. Wenn wir volle Befriedigung und Erfüllung daraus beziehen könnten, uns in unserer eigenen Kultur und Gemeinschaft abzuschotten und keinerlei Beziehung zu anderen menschlichen Gesellschaftsordnungen in der Welt zu hegen, gäbe es vielleicht Gründe, sich falschen Vorstellungen wie Fanatismus und Rassismus zu verschreiben. Dies ist aber nicht möglich. Die Realität des Vorhandenseins anderer Kulturen und Gemeinschaften läßt sich nicht ignorieren. Darüber hinaus stehen in der Welt von heute unser eigenes Wohlergehen, unser Glück und Erfolg in enger Verbindung mit dem Wohl und den Interessen anderer sozialer Gemeinschaften und Gesellschaftsordnungen. In einer derartig komplexen Welt ist kein Platz für Fanatismus und Rassismus.

Was meine persönliche Erfahrung angeht, so ist der Buddhismus zweifellos die geeignetste Religion für mich. Dies heißt aber noch lange nicht, daß der Buddhismus für jeden das beste sei. Die Menschen haben unterschiedliche geistige Veranlagungen, und aus diesem Grund ist für manche die eine Religion besser geeignet als eine andere. Wenn ich die Rechte des einzelnen achte, muß ich also auch den Wert dieser verschiedenen Religionen respektieren, die für Millionen von Menschen die richtigen sind.

In Tibet hatte ich – aus Büchern und über persönliche Begegnungen – nur spärliche Informationen über die Art und den Wert anderer spiritueller Überlieferungen. Seitdem ich ein Flüchtling bin, habe ich mehr Möglichkeiten zu engerem Kontakt mit den verschiedenen Religionen und bin heute zu der Überzeugung gelangt, daß jede einzelne von ihnen ihren Wert und ihre Gültigkeit besitzt. Gewiß, ich glaube immer noch, daß vom philosophischen Blickwinkel aus betrachtet die buddhistische Philosophie die geistig anspruchsvollste ist, daß sie vielfältiger oder umfassender ist. Trotzdem haben aber alle anderen Religionen ihren großen Wert und ihr großes Potential. Meine Einstellung zu anderen Religionen hat sich also völlig geändert. Wenn ich heute Menschen begegne, die eine andere Religion praktizieren, bin ich voll tiefer Bewunderung und respektiere ihre spirituelle Tradition aus ganzem Herzen.

Über Kindererziehung:
Was ist das Wichtigste in der Erziehung von kleinen Kindern?

Ich glaube, dazu sollten Sie einen Spezialisten befragen. Das wäre klüger.

Über Geld:
Wie kann man eine gute Lebensführung in einer Gesellschaft haben, die sich auf die Notwendigkeit, Geld zu verdienen, gründet?

Ich glaube schon, daß es möglich ist, dies mit einer richtigen Lebensführung in Einklang zu bringen. Auch Tibeter müssen Geld verdienen. Ich zur Zeit ganz besonders – mit der Exilregierung! Unser Defizit für dieses Jahr beträgt über zwei Millionen Dollar! Ich bin deshalb sehr, sehr besorgt.

Über Geburtenkontrolle und die Bevölkerungsexplosion:
Eure Heiligkeit, haben Sie irgendwelche Empfehlungen zur Bevölkerungsexplosion in der Welt?

Zweifellos ist die Geburtenkontrolle eine Notwendigkeit. Abtreibung ist etwas sehr, sehr Trauriges. Verhütung dagegen ist unerläßlich.

Manchmal sage ich im Scherz, es wäre das Beste, wenn es mehr Mönche und Nonnen gäbe. Wäre das nicht die gewaltloseste Methode zur Regelung des Geburtenüberschusses?

Über die Religion in der Welt von heute:
In den letzten Jahren hat eine zunehmende Abwendung von den Religionen stattgefunden. Gleichzeitig gibt es ein steigendes Interesse an den verschiedenen Methoden der Selbstverwirklichung. Ist die Religion noch der geeignete Weg in unserer modernen Welt?

Die Religion hat mit Sicherheit auch heute noch ihre Bedeutung. Vielleicht sollte ich etwas näher darauf eingehen: Die Anfänge verschiedener spiritueller Überlieferungen liegen oft weit zurück. Viel Zeit ist inzwischen vergangen. Deshalb mögen einige Aspekte etwas veraltet sein. Doch das heißt keineswegs, daß die Religion ganz allgemein uns heute nichts mehr zu sagen hat. Wichtig ist, den Kern aller Religionen, einschließlich des Buddhismus, zu sehen. Ob vor hundert, tausend, viertausend oder fünftausend Jahren – die Menschen sind sich fundamental stets gleich. Die Kulturen haben sich gewandelt, der Lebensstil hat sich geändert, die menschliche Gattung ist die gleiche geblieben. Die Hauptprobleme und Leiden des Menschen – Tod, Alter, Krankheit, Krieg – sind auch heute noch da. Ich weiß nicht, wie die Menschen in zehn- oder hunderttausend Jahren aussehen werden, niemand kann es sagen. Ich behaupte aber, daß sie sich einige Tausende von Jahren hindurch mehr oder weniger gleichgeblieben sind.

Die verschiedenen Religionen setzten sich alle mit den grundlegenden Problemen und Leiden des Menschen auseinander. Weil das Wesen des Menschen und das menschliche Leiden die gleichen geblieben sind, bleiben auch die Religionen weiterhin relevant. Es haben sich einige zeremonielle Aspekte gewandelt. So war beispielsweise im alten Indien die religiöse Praxis stark von dem herrschenden Feudalsystem beeinflußt. Hier hat sich ein Wandel vollzogen, und dieser Wandel muß, wie ich meine, noch weitergeführt werden.

Was den Buddhismus angeht, so wird er – sofern nicht die gleiche Modernisierung, die in unserer heutigen Welt stattfindet, auch in anderen Daseinsbereichen eintritt – seine Bedeutung und Zweckmäßigkeit beibehalten. Und dies deshalb, weil er sich nicht nur mit den fundamental immer gleichbleibenden Problemen des menschlichen Lebens beschäftigt, sondern Themen berührt, die mit anderen, geheimnisvolleren Formen des Daseins zu tun haben.

Ich denke immer, daß die Veränderungen der Moderne sich nur an der Oberfläche vollziehen und daß wir im tiefsten Grunde stets die gleichen sind. Vor einiger Zeit hat man an der italienisch-österreichischen Grenze einen mumifizierten menschlichen Körper gefunden. Obwohl er ungefähr viertausend Jahre alt ist, glaube ich, daß wir uns mit diesem Menschen verständigen könnten, wenn er wieder zum Leben erwachen würde. Sicher hätte er eine etwas andere Art und Weise, sich auszudrükken. Er hätte eine andere Kultur, aber eine grundlegende Verständigung wäre möglich.

Über die Lage in Bosnien:
Sie haben gesagt, um andere vom Begehen von Untaten abzuhalten, könnte ein Vergeltungsschlag manchmal positiv sein. Würden Eure Heiligkeit einen Kommentar zu den von den Vereinigten Nationen autorisierten Luftangriffen gegen die bosnischen Serben geben?

Oh, das ist aber wirklich zu kompliziert! Eine sehr traurige Situation. Wir können nur das

Elend und Leid der Betroffenen teilen. Darüber hinaus können wir wirklich nicht viel tun. Für mich tauchen all diese Probleme und chaotischen Situationen wie in Bosnien, der früheren Sowjetunion oder in Afrika nicht aus dem Nichts auf. Die Ursachen für diese Entwicklung haben sich im Verlauf von Jahrzehnten gebildet. Wir müssen deshalb etwas daraus lernen. Ich denke, in Zukunft muß die internationale Gemeinschaft sofort wach werden und geeignete Maßnahmen ergreifen, wenn sich irgendwo in der Welt das Potential für solche Krisen entwickelt. Dies scheint mir unbedingt nötig.

Was die Menschenrechtsverletzungen betrifft, so ist das große Interesse, das dieses Thema neuerdings überall in der Welt findet, für mich sehr ermutigend. Das ist richtig und gut so. Aber auch dieses und ähnliche Probleme halte ich für ein Symptom. Wenn sich auf der Haut Schwellungen oder Pickel bilden, heißt dies, daß mit dem Körper etwas nicht in Ordnung ist. Es reicht nicht, nur die Symptome zu kurieren. Man muß tiefer blicken und versuchen, die eigentliche Ursache herauszufinden. Man sollte versuchen, die zugrundeliegenden Ursachen zu ändern, so daß die Symptome automatisch verschwinden.

Mir scheint auch auf dem Gebiet der internationalen Beziehungen etwas Grundlegendes nicht zu stimmen. Manchmal sage ich zu meinen Freunden in Europa und den Vereinigten Staaten: Ihr schätzt die Werte von Demokratie und Freiheit außerordentlich hoch ein. Doch im Umgang mit anderen Ländern hält sich niemand an demokratische Prinzipien. Ihr sucht eher wirtschaftlichen oder militärischen Einfluß. Die internationalen Beziehungen haben mehr mit Macht und Einfluß als mit demokratischen Grundsätzen zu tun. Ich gehe sogar noch weiter: Die UNO, das höchste internationale Gremium, die aufgrund der Lage nach dem Zweiten Weltkrieg gegründet worden war, ist im Sicherheitsrat mit fünf Nationen vertreten, die das Vetorecht haben. Das ist undemokratisch. In Afrika, wo Millionen Hungers sterben, gibt es Waffen, aber keine Nahrung. Millionen von Dollar werden für den Kauf von Waffen ausgegeben. Ich denke, dies ist sehr, sehr traurig.

Daß Haß unser eigentlicher Feind ist, darüber haben wir bereits gesprochen, und so sind auch die Waffen unser Feind. Als ich noch klein war, dachte ich, Waffen, besonders Gewehre, seien etwas Wunderschönes. Ich polierte sie mit Begeisterung. Aber sie sind zum Töten da.

Entsetzlich! Wir müssen etwas gegen diese schönen aber furchtbaren Waffen unternehmen!

Und was das militärische Establishment angeht... Ich glaube, im Westen ist es üblich, daß der Sohn eines Königs oder einer Königin auf eine Militärakademie oder zur Navy geschickt wird. Die Leute sind stolz auf diese Tradition. Ich möchte Ihnen hier eine kurze Geschichte erzählen. Letztes Jahr hatte ich den Besuch eines deutschen Fernsehteams, und im Gespräch mit den Journalisten fiel die Behauptung, im Westen hätte man große Angst vor dem Tod, während dies im Osten kaum der Fall zu sein schiene. Ich sagte ihnen scherzend, daß es genau umgekehrt sei. Ihr im Westen seid so begeistert von militärischen Dingen. Ihr baut euch nicht nur Streitkräfte auf, sondern verkauft auch Waffen. Waffen und militärische Einrichtungen sind zum Töten da. Im Osten hingegen empfindet man sogar beim Töten eines Insekts ein Gefühl der Reue. Einmal, als ich noch in Tibet lebte, wurde jemand ermordet, und alle waren entsetzt. Es handelte sich um etwas Unvorstellbares. Es ist also wirklich so, wie ich sagte: Im Westen gibt es keine Angst vor dem Tod, im Osten wird er gefürchtet. Ich denke, dies ist wirklich so.

Wir müssen – auf die eine oder andere Art – alles versuchen, um die militärischen Kräfte zu reduzieren. Was Ihre Frage über Bosnien betrifft, habe ich keine eindeutige Antwort, keine Idee.

Über die Negativität in den Nachrichten und Medien:
Haben Sie zu Einrichtungen wie den Medien, der Unterhaltungsindustrie usw., die ständig negative Emotionen und Anschauungen fördern – das Gegenteil dessen, was Sie proklamieren, etwas zu sagen?

Es stimmt, ich äußere oft meine Betroffenheit darüber. Doch ich denke auch, daß – wie ich schon sagte – vieles von unserer eigenen geistigen Einstellung abhängt. Wenn wir uns diese negativen Dinge – Töten, Sex und ähnliches – aus einem anderen Blickwinkel ansehen, kann dies auch Gewinn bringen. Die Szenen der Gewalt können insofern nützlich sein, als sie uns an die destruktive Natur bestimmter menschlicher Emotionen erinnern.

Am Anfang mögen Bilder von Sex und Gewalt noch aufregend sein, doch nach einer Weile findet man nichts Lohnendes daran.

In Indien wird im Fernsehen viel Mord und Totschlag gezeigt, während sexuelle Themen stärker unter die Zensur fallen. Vergleicht man beides miteinander, ist Sex immer noch das bessere. Wenn wir ihn nicht als zum menschlichen Leben gehörend wahrhaben wollen, ist das auch nicht gut, nicht wahr?

Auf jeden Fall ist es ebenso wichtig für eine deutliche Präsentation der anderen, d. h. der guten Eigenschaften zu sorgen, und genau dies fehlt. Akte der Nächstenliebe und des Mitgefühls werden nicht gezeigt.

Vor einiger Zeit habe ich das Holocaust-Museum in Washington besucht. Das hat mich an die beiden Seiten des Menschen erinnert. Auf der einen Seite die Vernichtung des jüdischen Volkes durch die Nazis – entsetzlich und sehr traurig. Es zeigt, wie furchtbar es ist, wenn die menschliche Intelligenz von Haß geleitet und motiviert wird. Und gleichzeitig die andere Seite: Menschen, die ihr eigenes Leben aufs Spiel setzten, um den Verfolgten zu helfen. Wenn wir uns von Haß leiten lassen, können wir grausam und zerstörerisch werden. Wenn wir aber die guten Eigenschaften fördern, werden heldenhafte Taten und wunderbare Dinge möglich. Die Medien sollten also die beiden Seiten zeigen.

Über Genmanipulation:
Ärzte und Wissenschaftler können heute Eltern wählen lassen, welches Geschlecht ihr Kind haben soll. Was halten Sie von der Genmanipulation, welchen Effekt hat sie auf das ungeborene Leben? Sollte das ungeborene Leben oder sollten die Eltern die Wahlmöglichkeit haben?

Ich glaube, es ist sehr schwierig, darauf eine allgemeingültige Antwort zu geben. Man muß den speziellen Fall untersuchen. In einigen Situationen kann diese Arbeit positiv sein; es ist schwer zu sagen.

Über die politischen Führer:
Glauben Sie, daß die politischen Führer der Welt ihre brillanten Gehirne auf positive Weise nutzen?

Einige vielleicht – ich denke – ich hoffe!

Transformation von Angst und Verzweiflung: Ist es normalen Menschen möglich, ihre Angst und Verzweiflung zu transformieren?

Oh ja, dies ist durchaus möglich. Ich hatte als Kind beispielsweise Angst vor dunklen Räumen, aber im Laufe der Zeit ist diese Angst vergangen. Im Umgang mit Menschen ist die Möglichkeit von Angst und Unsicherheit um so mehr gegeben, je verschlossener unser Geist ist. Meiner persönlichen Erfahrung nach fühlen wir uns mit einem offenen Geist weniger unsicher. Ob ich einem bedeutenden Menschen begegne, einem Bettler oder einem ganz gewöhnlichen Zeitgenossen macht keinen Unterschied für mich. Das Wichtigste ist, ein aufrichtiges Lächeln für alle zu haben. Religiöse oder kulturelle Unterschiede, eine andere Sprache, eine andere Rasse, gebildet oder ungebildet, reich oder arm – all dies spielt keine Rolle. Wenn ich mein Herz und meinen Geist öffne, sind mir die Menschen einfach wie alte Freunde. Das ist sehr hilfreich. Wenn ich diese Einstellung als Ausgangsbasis nehme, habe ich die Freiheit, mich so zu verhalten, wie die jeweiligen Umstände es erfordern. Diese Ausgangsbasis muß ich zuerst schaffen. Da dies im Umgang mit anderen Menschen meist ein positives Echo findet, meine ich, daß Angst etwas ist, das man loswerden kann.

Was nun die Verzweiflung betrifft: Wir haben viele Hoffnungen und Erwartungen. Wenn sich eine von ihnen nicht erfüllt, heißt das nicht, daß alle anderen ebenfalls fehlschlagen. Ich habe Menschen getroffen, die völlig verzweifelt sind, wenn eine einzige ihrer Erwartungen sich nicht realisiert. Der menschliche Geist ist derart komplex, voll der unterschiedlichsten Hoffnungen und Ängste. Alles auf die Erfüllung einer bestimmten Hoffnung zu setzen kann gefährlich werden, weil uns dann ein Fehlschlag vernichtet. Das ist ein bißchen zu gefährlich!

An materiellem Wohlstand und seinen Freunden hängen:
Sie haben über das Hängen am eigenen Körper gesprochen. Mit welchen Methoden kann man einem extremen Haften an materiellem Wohlstand und Freunden beikommen?

Wer das Prinzip der Wiedergeburt oder ein Leben nach dem Tod in anderer Form annimmt, kann über Verschiedenes nachdenken, z. B. darüber, wie vergeblich es letzten Endes ist, zu sehr an seinen Freunden und seinem Besitz zu hängen; oder über ihre vorübergehende, vergängliche Natur; darüber, wie sich die negativen Emotionen vermehren, wenn man zu sehr an den Dingen haftet und dann frustriert ist.

Auch als Atheist werden Sie bei genauem Hinsehen merken, daß der Zweck unseres Lebens nicht einfach nur in Wohlstand und guten Freunden besteht. Es gibt anderes. Um Ihr Haften an materiellen Dingen zu reduzieren, können Sie sich klar machen, daß diese zwar zum Teil Voraussetzungen für Ihr Glück und Ihre Zufriedenheit sind, aber keineswegs die einzigen, weshalb es zu nichts führt, seine ganze Energie für das Erreichen dieses Zieles einzusetzen. Ähnliche Kontemplationen finden sich in der Tat in den buddhistischen Schriften, wie beispielsweise in den *Vierhundert Versen über den Mittleren Weg*.

Echte Toleranz:
Wo liegt der Unterschied zwischen Toleranz und Schwäche?

Echte Toleranz ist eine Haltung, die man –

obwohl man in der Lage wäre, anders zu reagieren – einer Person oder einem Ereignis gegenüber einnimmt. Nachdem man die verschiedenen Umstände einer Prüfung unterzogen hat, entscheidet man sich dafür, nicht in negativer Weise zu antworten. Dies ist echte Toleranz und etwas ganz anderes als ein Verhalten aus einer Position der Schwäche, in der man einfach keine andere Möglichkeit hat. Shantideva, der große indische Gelehrte, hat diesen Unterschied in seinem *Kompendium der Taten* klar herausgearbeitet. Meine Toleranz gegenüber den Chinesen kann also in Frage gestellt werden; ist es wirklich echte Toleranz oder nicht?!

Die Angst überwinden:
Wie kann man Angst oder ständig nagende Angstgefühle überwinden, besonders wenn keine augenscheinliche Ursache dafür da ist?

Hier ist wichtig, welche Sicht- und Denkweise Sie haben. Oft werden wir von einem plötzlichen Gedanken oder Gefühl überfallen, das sich – wenn wir es nicht beachten und ihm einfach nachgeben – verselbständigt und dann anfängt, uns zu beunruhigen. Wenn so etwas geschieht, muß man seine Fähigkeit zu vernünftigem Nachdenken einsetzen, um nicht unter die Herrschaft dieser Gedanken und Gefühle zu geraten. Wenn die Angst gute Gründe hat, ist sie natürlich in Ordnung. Sie veranlaßt uns, vorsorgliche Maßnahmen zu treffen, das ist gut so! Wenn die Angst grundlos ist, sollten Sie analysierend über sie meditieren, dadurch wird sie sich verringern.

Spontanes Mitgefühl:
Ist es möglich, daß Mitgefühl spontan entsteht, nachdem man direkte intuitive Einsicht entwickelt hat?

Es hängt sehr von der spirituellen Ausrichtung und der zugrundeliegenden Motivation ab. Für manche, die im Laufe der Praxis mit verschiedenen Prinzipien des Mahayana-Weges wie Altruismus usw. vertraut geworden sind, kann dies zutreffen. Wessen Einsicht in die Natur der Realität zunimmt, dessen Mitgefühl wird zunehmen, weil man dann sieht, daß die Lebewesen infolge ihrer Unwissenheit hinsichtlich der Natur der Wirklichkeit den Daseinskreislauf durchwandern. Wenn so jemand dann sehr tiefgehende Einsicht in die Natur der Realität gewinnt, wird er oder sie auch die Möglichkeit des Weges erkennen, der aus dem Leiden herausführt. Danach wird das Mitgefühl für die Wesen noch größer werden, weil man ihr Schicksal deutlich sieht: Obwohl sie daraus entkommen könnten, bleiben sie weiterhin im Kreislauf gefangen.

Doch das Erreichen eines gewissen Grades an Einsicht in die Natur der Realität garantiert nicht automatisch die spontane Erfahrung des Mitgefühls. Einsicht in das Wesen der Wirklichkeit kann nicht nur vom altruistischen Wunsch, anderen zu helfen, motiviert sein, sondern auch von dem Wunsch nach der eigenen Befreiung aus dem Daseinskreislauf. Ein einfaches Fördern der Einsicht in die Natur der Realität reicht nicht aus, um echtes Mitgefühl zu erzeugen. Es sind noch einige zusätzliche Bedingungen erforderlich.

Verzeihen:
Können Sie etwas über Verzeihenkönnen sagen. Ich habe früher ein paar schlechte und fragwürdige Dinge getan, und obwohl ich mich sehr darum bemüht habe, den Schaden wiedergutzumachen, quälen mich Schuldgefühle. Was kann ich tun, um mir und anderen besser zu verzeihen?

Wenn Sie praktizierender Buddhist sind, könnte es helfen, eine Art von Läuterungs-

Praxis durchzuführen, die die Anwendung der sogenannten Vier Kräfte miteinschließt, von denen eine darin besteht, die begangenen Taten zu bedauern. Dies scheint bei Ihnen bereits der Fall zu sein. Ein anderer notwendiger Faktor ist der Entschluß, solche Taten in Zukunft zu vermeiden. Zusammen mit diesen beiden Faktoren könnte die eigentliche Läuterungs-Praxis darin bestehen, Zuflucht zu den Drei Kostbarkeiten zu nehmen und dann Niederwerfungen auszuführen, Mantras zu rezitieren, über Liebe und Mitgefühl zu meditieren oder über Leerheit, als wahre Natur der Realität.

Das positive Ausdrücken von Wut:
Gibt es ein Beispiel für einen positiven Wutausbruch, der auf Mitgefühl und Selbsterkenntnis basiert?

Ja, es kann Umstände geben, in denen Mitgefühl die zugrundeliegende Motivation ist und Zorn der Katalysator, eine starke geistige Kraft.

Den Schmerz über einen Mißbrauch in der Kindheit auflösen:
Wenn man in der Kindheit oder als Erwachsener verletzt und mißbraucht wurde, hinterläßt dies Nar-

ben, die zu Depressionen und negativen Emotionen führen. Kann man diesen Schmerz durch Meditation auflösen? Und kann Psychotherapie dabei als zusätzliche Unterstützung wirken?

Am besten scheint es mir, beide Techniken zu Hilfe zu nehmen. Es mag je nach den Umständen etwas verschieden sein, aber im großen und ganzen ergänzen sich beide.

Mit seinen Gefühlen umgehen:
Eure Heiligkeit, wie kann ich meine Gefühle zulassen, ohne Angst zu bekommen. Oft halte ich meine Gefühle derart unter Kontrolle, daß ich mich verschließe und liebesunfähig werde.

Wenn ich über Liebe und Mitgefühl spreche, meine ich mit Liebe etwas anderes, als das, was man üblicherweise darunter versteht. Was ich unter Liebe verstehe, bildet sich auf Basis einer klaren Erkenntnis der Existenz des anderen und einer wirklichen Achtung vor den Rechten und dem Wohl anderer. Liebe, die sich auf eine starke Bindung an die uns Nahestehenden gründet, bedarf vom Standpunkt der religiösen Praxis aus der Läuterung. Man muß lernen, sich zu einem gewissen Grad aus seinem Haften zu lösen.

Das mag Sie am Anfang in eine Art Einsamkeit versetzen. In der Tat ist dies eines der Lebensziele von Mönchen und Nonnen. Solch ein Leben erscheint vielleicht auf den ersten Blick etwas farblos und unattraktiv, auf andere Weise ist es aber viel bunter. Diese Form des Glücks, obwohl weniger dramatisch, ist etwas Beständiges. Das andere Glück hat zu viele Schwankungen. Damit können sich Mönche und Nonnen trösten!

Verzweiflung und Depression überwinden:
Wenn jemand in den Abgrund der Verzweiflung fällt und sich nachts in tiefer Depression nur noch danach sehnt, zu sterben, wie kann man dieser Person helfen, stabiler und positiver zu werden?

Wenn die betreffende Person nichts hat, was ihr wie die spirituelle Praxis einen Rückhalt gibt, ist dies sehr schwierig. Dann weiß ich wirklich nicht, was ich raten soll. Wenn es sich aber um jemanden handelt, der eine Religion praktiziert oder Erfahrung in der buddhistischen Praxis hat, dann ist es hilfreich, an die Buddha-Natur zu denken, an das Potential des menschlichen Körpers und Gehirns. Es kann auch helfen, die Lebensgeschichten der großen Yogis der Vergangenheit zu lesen, in denen die

Härten geschildert werden, durch die sie gegangen sind. In einigen Fällen handelte es sich bei diesen großen Meistern um Menschen, die fast keine Erziehung genossen hatten, die vorher verzweifelt, deprimiert und wenig vom Leben begünstigt waren. Aber ihr Vertrauen in das eigene Potential und ihre Entschlossenheit ließen sie am Ende die Erleuchtung erlangen.

Man sollte auch daran denken, daß Hoffnungslosigkeit und Depression wenig zur Verbesserung der Lage beitragen.

Die Energie von Wut und Gier transformieren: Eure Heiligkeit, Sie haben von den zornvollen Gottheiten gesprochen. Könnten Sie etwas mehr über das Transformieren von Wut und Gier in der tantrischen Praxis sagen? Was ist der Kernpunkt einer solchen Transformation?

Um die Energie negativer Emotionen umwandeln zu können, bedarf es einiger Qualifikationen. Man braucht eine feste Grundlage in der Verwirklichung des Pfades von Weisheit und Methode. Darauf aufbauend muß man eine gewisse Verwirklichung in der Gottheiten-Meditation erreicht haben, nämlich Konzentration und eine stabile Visualisation der Gottheit. Des weiteren gibt es bestimmte Formen von Aktivitäten, einschließlich zornvoller Taten, die man ausführen sollte, um diese Energien transformieren zu lernen. Dazu braucht man eine Art zornvoller Motivation, die voll und ganz in Karuna oder Mitgefühl gründet. Das beschleunigt den Vorgang. Um dies genügend verständlich zu machen, wäre eine ausführliche Erläuterung notwendig.

Fragen über den Buddhismus

Weisheit und die rechte Sicht:
Die rechte Sicht ist auf dem Weg der Anfang der Weisheit. Das trifft aber nicht nur für die Religion zu!

Das stimmt. Was ich damit meinte, als ich sagte, daß verkehrte Ansichten zu den zehn negativen Verhaltensweisen im Buddhismus gehören, ergibt sich daraus, daß sich diese falsche Sicht auf ein Nichtanerkennen der Wiedergeburt, der Möglichkeit Nirvana zu erreichen usw. bezieht, die zur buddhistischen Weltanschauung gehören.

Meditation:
Kann man durch Meditation zu Zufriedenheit finden?

Wenn wir den Begriff Meditation benutzen, dürfen wir dabei nicht vergessen, daß er viele verschiedene Bedeutungen haben kann. Es gibt konzentrative Meditation, kontemplative Meditation, Versenkung, analytische Meditation usw. Wenn man übt, Zufriedenheit zu fördern, so praktiziert man mehr die analytische Art der Meditation. Sie denken darüber nach, wie nachteilig sich ein mangelndes Zufriedenseinkönnen auswirkt und wie heilsam Zufriedenheit ist. Diese verschiedenen Für und Wider zu bedenken, kann Ihre Fähigkeit, zufrieden zu sein, steigern. Ich glaube nicht, daß es zur Entwicklung von Zufriedenheit genügt, Meditation nur als Versenkung, als einen Zustand geistiger Konzentration zu üben, ohne das analytische Denkvermögen anzuwenden. Die analytische Meditation kann deshalb zu Zufriedenheit führen, weil diese Art der Praxis während der Meditationssitzung einen direkten Einfluß auf unser alltägliches Leben, auf unser Verhalten, auf unsere zwischenmenschlichen Beziehungen usw. ausüben kann.

Karma:
Karma ist das Gesetz von Ursache und Wirkung unseres Handelns. Was ist mit der Ursache und Wirkung des Nichthandelns?

Wenn man von Karma spricht, besonders wenn von negativem und positivem Karma die Rede ist, impliziert dies eindeutig eine Art von Handeln. Daraus kann aber nicht geschlossen werden, daß es neutrales Handeln oder neutrales Karma, sozusagen als Karma der Inaktivität, gebe. Wenn wir beispielsweise jemandem, der Hilfe braucht, der leidet oder in einer ausweglosen Lage ist, durch aktives Eingreifen beistehen könnten, aber inaktiv bleiben, kann dies karmische Folgen haben.

Doch es kommt vor allem auf unsere Einstellung und Motivation an. Einerlei, ob man imstande ist, das Leiden einer Person zu mindern, es wird negative karmische Konsequenzen haben, wenn wir gegenüber jenen, die in Not sind, völlig gleichgültig bleiben und an ihrem Wohlergehen und ihren Bedürfnissen nicht interessiert sind. Dagegen ist es anders, wenn wir die Nöte anderer nicht unbedingt vorsätzlich ignorieren, sondern aus einem Mangel an Mut und Zutrauen untätig bleiben. Dies kann als weniger negativ angesehen werden.

Vertrauen in die eigene Buddha-Natur:
Wie gewinnt man am besten Vertrauen in die eigene Buddha-Natur?

Ausgehend von der Vorstellung der Leerheit, dem objektiven Klaren Licht, und der Vorstellung des subjektiven Klaren Lichts, versucht man ein tieferes Verständnis der Buddha-Natur zu entwickeln. Es ist nicht leicht, aber durch Erforschen mit Hilfe des Intellekts sowie in Verbindung mit unseren täglichen Gefühlen öffnet sich ein Weg zur tieferen Wahrnehmung der Buddha-Natur.

Die Buddha-Natur von Pflanzen:
Die moderne Wissenschaft ist nicht imstande, zwischen Pflanzen und einfachen Formen tierischen Lebens eine Grenze zu ziehen. Was entscheidet im Buddhismus darüber, ob etwas Geist hat oder nicht? Ist es vorstellbar, daß Pflanzen in den Daseinskreislauf einbezogen sind und Buddha-Natur besitzen?

Auf einem Symposium über moderne Wissenschaft und Buddhismus, an dem ich teilgenommen habe, stellte sich die Frage, wie wir determinieren, ob etwas Belebtes fühlend ist oder nicht-fühlend. Am Ende stimmten wir alle darin überein, daß die Mobilität hierfür der ausschlaggebende Faktor ist, d.h. die Fähigkeit, sich zu bewegen. Aus buddhistischer Sicht gibt es natürlich andere fühlende Wesen, die keine Form haben, wie jene Wesen der formlosen Welt. Innerhalb der Welt der Form, wo sich die Wesen in körperlicher Gestalt manifestieren, gibt es den buddhistischen Schriften nach Wesen in Form von Pflanzen, Blumen usw.

Aber zurück zu der Frage, ob wir herausfinden können, ob diese Pflanze hier fühlend ist oder nicht: Ich weiß ehrlich gesagt nicht, wie das festgelegt werden kann. Die Leute sagen einfach auf einer konventionellen Ebene: «Das ist nur eine Pflanze.» Also akzeptieren wir sie einfach nur als Pflanze.

Wir müssen jedoch auch berücksichtigen, daß es verschiedene Ebenen der Diskrepanz gibt zwischen der Art und Weise, wie wir die Dinge sehen und der Art und Weise, wie sich Dinge und Ereignisse tatsächlich darstellen. Dies hat vielleicht eine gewisse Beziehung zu einer Aussage, die in einem buddhistischen Lehrsatz gemacht wird, der als Madhyamika Prasangika bekannt ist. Hier wird eine behelfsmäßige Unterscheidung zwischen falsch und wirklich, Illusion und Realität zugelassen, nicht aber eine endgültige.

Bewußtes und Unbewußtes:
Wie geht der Buddhismus in seinem Bemühen, das Leben in einem positiven Licht zu sehen, mit der Dichotomie von bewußten und unbewußten Vorstellungen um?

Ich bin mir nicht restlos klar darüber, was mit dem Begriff unbewußt gemeint ist. Im Buddhismus unterteilen wir die einzelnen negativen emotionalen und kognitiven Zustände, die mit Hilfe bestimmter Methoden überwunden werden müssen, in bewußte oder manifeste und in solche, die in Form von Veranlagungen oder Neigungen vorhanden sind. Die bewußten Zustände sind einfacher zu überwinden als die unbewußten Veranlagungen. Auf dem Weg zur Erleuchtung, wie er in den buddhistischen Schriften beschrieben wird, ist die Einsicht in die Leerheit das Mittel zur Überwindung der manifesten, offenkundigen Formen dieser negativen Zustände. Die Veranlagungen und Neigungen wird man nur nach einer langen Zeit der Meditation und durch Vertrautwerden mit dem wahren Wesen der Realität am Ende überwinden können.

Der Weg der Überwindung der negativen Zustände hat mehrere Stufen. Die erste besteht darin, so zu üben, daß man ein Stadium erreicht, in dem man negativen Emotionen auch in Situationen, die normalerweise negative Reaktionen hervorrufen, nicht mehr nachgibt. Auf der nächsten Stufe ist man in der Lage, das Aufkommen von negativen Emotionen tatsächlich und unmittelbar zu verhindern. Und eine Stufe weiter kann man dann auch den Keim oder das Potential beseitigen, aus dem die negativen Zustände entstehen. Wie Sie sehen, ist dieser Vorgang ziemlich komplex. Es ist nicht möglich, nur durch das Erzeugen von Einsicht in das wahre Wesen der Realität innerhalb eines Augenblicks all diese Negativität in Ihrem Geist zu beseitigen.

Die Komplexität dieses Vorgangs kann man an den verschiedenen Stufen deutlich machen, durch die unser Geist in der Auseinandersetzung mit einem bestimmten Thema geht. Unsere anfängliche Position kann dabei vollständig im Gegensatz zur Realität stehen. Als Folge des Versuchs, die Situation zu verstehen, wird diese Einseitigkeit dann allmählich fragwürdig und gerät ins Schwanken. Wir beginnen zu denken: Vielleicht ist es so, vielleicht auch nicht. Durch weiteres Analysieren geht dieser Zustand des Zögerns und Schwankens in ein Stadium der Mutmaßung über, womit man sich der richtigen Lösung nähert. Die Mutmaßung kann sich dann dadurch, daß man sie bekräftigt und sich an sie gewöhnt, in wahres Wissen umwandeln. Zu Beginn ist dieses wahre Wissen als eine aus bestimmten Prämissen gezogene Schlußfolgerung vielleicht noch abstrakt. Doch wenn man sich ständig damit vertraut macht, kann nach buddhistischer Lehre dieses abstrakte Verständnis in die direkte, intuitive Einsicht in das Wesen der Realität einmünden.

Es gibt also, wie Sie sehen, ein gewisses stufenweises Fortschreiten. Der wahre Zustand der Beendigung, in dem die Wirkung der negativen Emotionen vollständig überwunden ist, ist direkte intuitive Einsicht.

Der Buddhismus als spiritueller Weg:
Wenn sich alles nur um den Geist dreht, warum nennt man dann den Buddhismus einen spirituellen Weg?

Manche nennen den Buddhismus tatsächlich eher eine Geisteswissenschaft als eine Religion. In den Schriften von Shantideva, einem der größten Meister des Buddhismus, heißt es, daß der buddhistische Weg Glaube und Verstand erfordert. Die verschiedenen subtilen Bedeutungen, die das Wort Religion hat, sind mir nicht alle vertraut, doch ich würde sagen, daß man den Buddhismus als eine Art Kombination von spirituellem Weg und philosophischen Denksystem bezeichnen könnte. Auf jeden Fall werden Vernunft und Intelligenz stärker betont als der Glaube. Doch auch dieser spielt eine Rolle. Im Buddhismus wird die Gesamtheit der Phänomene in drei Gruppen eingeteilt. Die erste sind die Dinge, die wir unmittelbar wahrnehmen oder erfahren und verstehen können. Die zweite Gruppe sind bestimmte Phänomene, die zwar Schlußfolgerungen eines logischen Denkprozesses sind, aber immer noch aus augenfälligen Prämissen gefolgert werden. Und die dritte Gruppe sind die sogenannten schwer erfaßbaren Phänomene. Sie können nur dadurch verstanden werden, daß man sich auf das Zeugnis eines anderen verläßt – im Buddhismus auf das Zeugnis von Buddha. Wir akzeptieren ihr Vorhandensein, indem wir Buddhas Worten glauben.

Aber sein Zeugnis wird nicht aus blindem Glauben – weil es die Worte Buddhas sind – übernommen, sondern eher deshalb, weil es logischem Denken zugänglich ist. Da sich Buddhas Worte in dieser Hinsicht als verläßlich herausgestellt haben, kann geschlossen werden, daß auch seine Aussagen über Themen, die für uns nicht so unmittelbar verständlich sind, glaubhaft sein werden. Wir sehen, es ist also eine Art von Glauben im Spiel, doch letztlich kommt es auf Vernunft und Intelligenz und das eigene Verstehen an. Aus diesem Grund kann der Buddhismus als eine Kombination von spirituellem Weg und philosophischem System oder – genauer gesagt – als eine Kombination von Geisteswissenschaft und spirituellem Weg angesehen werden.

Einer der Gründe dafür, weshalb ich sage, daß in der buddhistischen und besonders in der Mahayana-Metaphysik mehr Betonung auf Vernunft und Verstehen liegt, ist die im Mahayana getroffene Unterteilung von Buddhas Worten in zwei verschiedene Kategorien. Ein Typ von Schriften ist definitiv und kann wörtlich genommen werden, für einen anderen Typ von Schriften gilt dies nicht; diese sind nicht wörtlich zu verstehen und erfordern eine Interpretation. Wie entscheiden wir, ob ein Text definitiv ist oder aber gedeutet werden muß, um den verdeckten Sinn zu erfassen? Indem wir ein gewisses verstandesmäßiges Denken anwenden. Das Urteil wird also mittels Verstehen und Erforschen gefällt. Diese geistige Einstellung wird durch die folgenden, oft zitierten

Worte des Buddha illustriert: «Ihr Mönche und klugen Menschen, ihr sollt meine Worte nicht aus Verehrung übernehmen, weil sie die Worte des Buddha sind, sondern ihre Gültigkeit erst dann annehmen, wenn ihr sie einem Goldschmied gleich, der das Gold verschiedenen Prüfungen unterzieht, um seine Reinheit zu bestimmen, analysiert und geprüft habt.»

Buddha gibt uns also gewissermaßen die Freiheit, das was er sagt, nachzuprüfen.

Die Menschheit scheint sich in zwei Lager zu teilen. Das eine vertritt einen radikalen Materialismus, während sich das andere ohne viel eigenes Nachdenken auf den bloßen Glauben stützt. Der Buddhismus gehört zu keinem von beiden. Von den einen wird er abgelehnt, weil er eine Geisteswissenschaft und keine Religion sei. Die anderen lehnen ihn ab, weil er ihnen zu spirituell ist, weil er Meditation und solche Dinge miteinschließt. Der Buddhismus bleibt also dazwischen, was vielleicht ein Vorteil ist: Wir können eine Brückenfunktion zwischen beiden Parteien einnehmen. Manchmal denke ich, daß darin in Zukunft eine der wichtigsten Aufgaben des Buddhismus besteht.

Das Zölibat:
Ist das Zölibat eine Voraussetzung für die Erleuchtung?

Nein, im allgemeinen nicht. Vielleicht fragen Sie jetzt, warum dann Buddha Mönch wurde. Dem Vinaya Sutra nach liegt der Hauptzweck des Zölibats in dem Bemühen, das Verlangen oder Haften zu mindern.

Im Tantrayana, besonders im Höchsten Yoga Tantrayana, bildet Energie, sogenannte «Tropfen» oder besondere Glückseligkeit, die Quelle zur Auflösung der groben Bewußtseinsebene. Durch die Erfahrung dieser besonderen Glückseligkeit ist die Möglichkeit gegeben, daß sich die groben Bewußtseinsebenen schließlich auflösen. Die «Tropfen» sind also der Schlüssel für die Glückseligkeit.

Im tibetischen Buddhismus gibt es eine ausgeprägte sexuelle Symbolik, besonders in der Darstellung der Gottheiten mit ihren Gefährtinnen, woraus oft ein falscher Eindruck entsteht. Das Sexualorgan wird zwar benutzt, aber der Fluß der Energie wird völlig beherrscht. Die Energie sollte sich niemals entladen. Sie muß kontrolliert und schließlich in andere Teile des Körpers zurückgeführt werden. Tantra-Praktizierende müssen die Fähigkeit entwickeln, ihre Anlage zur Glückseligkeit und die Glückserfahrungen, die durch das Strömen der regenerativen Säfte in den eigenen Energiekanälen hervorgerufen werden, zu nutzen. Entscheidend ist die Fähigkeit, sich vor dem Fehler des Samenergusses zu hüten. Da es sich nicht um einen gewöhnlichen Sexualakt handelt, kann man die Verbindung zur Enthaltsamkeit herstellen. Besonders in der Praxis des Kalachakra Tantra wird die Vorschrift, sich der Entladung der Energie zu enthalten, sehr ernst genommen. In den entsprechenden Texten werden drei verschiedene Erfahrungen der Glückseligkeit genannt. Die erste wird durch das Strömen der Energie hervorgerufen. Die zweite ist die unwandelbare und die dritte die wandelbare Erfahrung der Glückseligkeit. Als Buddha das Enthaltsamkeitsgelübde ablegte, erklärte er noch nicht all die Gründe für dieses Gebot. Die vollständige Antwort kommt erst später, wenn wir das tantrische System kennenlernen. Vielleicht beantwortet dies Ihre Frage? Die Antwort lautet also ja und nein.

Frauen und Enthaltsamkeit:
Ihre Ausführungen über die Notwendigkeit des Zölibats, das Nutzen von Glückseligkeit und das Verhindern des Samenergusses sind alle aus der Perspek-

tive des Mannes gesehen. Warum wird der Anteil der Frau in diesen Übungen niemals erwähnt? Was soll eine Frau mit ihrer Energie tun, um Erleuchtung durch glückselige Erfahrung zu erlangen?

Es handelt sich um die gleiche Technik und das gleiche Prinzip. Indischen Freunden zufolge führen die Praktizierenden des Hindu Tantrayana die Übung des Kundalini und Chandralini aus. Frauen sollen auch eine Art von Energie-Tropfen haben. Es ist also die gleiche Methode.

Die Art unserer Wiedergeburt:
Wer oder was entscheidet darüber, als was wir wiedergeboren werden?

Nach der buddhistischen Lehre werden die Bedingungen der Wiedergeburt vom Karma, d. h. von unserem eigenen Verhalten diktiert. Darüber hinaus spielt auch unsere geistige Verfassung zum Zeitpunkt des Todes eine große Rolle. Diejenigen unter Ihnen, die etwas mit dem Buddhismus vertraut sind, kennen vielleicht Buddhas Lehrsatz von der Zwölfgliedrigen Kette des abhängigen Entstehens. Karma ist das zweite Glied in dieser Kette. Doch Karma allein reicht nicht aus, Wiedergeburt herbeizuführen. Es müssen auch bedingende

Faktoren und Umstände wie negative Emotionen und kognitive Vorgänge zusammenkommen. Diese stellen das achte bzw. neunte Glied in der Kette dar, nämlich Anhaften und Greifen. Werden die karmischen Prägungen dann durch die Kraft des Anhaftens und Greifens aktiviert, reifen sie. Dies ist das zehnte Glied, das des Werdens. Die Art und Weise der Wiedergeburt hängt also hauptsächlich von den karmischen Prägungen und Potentialen des einzelnen ab, die nicht nur im Laufe des jetzigen, sondern auch im Laufe früherer Leben angesammelt wurden. Einige der karmischen Potentiale können stärker sein und andere schwächer. Im *Abhidharma Kosha*, einer buddhistischen Schrift, steht, daß die kräftigsten unter den karmischen Samen oder Potentialen in unserem Geisteskontinuum über die Art der Wiedergeburt entscheiden. Wenn man viele gleich starke karmische Prägungen hat, wird die Tat, die am kürzesten zurückliegt, oder die, die man während seines Lebens am häufigsten begangen hat, Frucht bringen und über die Art der Wiedergeburt entscheiden.

Den Traumzustand nutzen:
Können Sie mehr darüber sagen, wie man sich den Traumzustand zunutze machen kann?

Nur im Höchsten Yoga Tantra des tantrischen Buddhismus gibt es meditative Techniken, die im Traum angewendet werden. Das Bewußtsein im Zustand des Träumens wird aus zweierlei Gründen mit Hilfe dieser Meditationsformen genutzt. Zum einen, weil wir während des Traumzustands die Gelegenheit haben, den Vorgang des Sterbens zu erproben und uns damit vertraut zu machen. Es findet nämlich dabei ein ähnlicher Auflösungsprozeß statt wie im Tod. Der Meditierende macht sich mit dem Auflösungsprozeß vertraut und trainiert sich darin, die verschiedenen Anzeichen erkennen zu können, die mit den verschiedenen Stufen der Auflösung verbunden sind.

Doch der eigentliche Zweck der Traum-Meditation ist es, sich so zu üben, daß man auch im Traumzustand die Erfahrung des Klaren Lichts, d. h. der subtilsten Bewußtseinsebene wirklich macht, um so auch die Auflösung der einzelnen Elemente während des Traumzustands tatsächlich zu erfahren. Dazu bedarf es der Fähigkeit, Träume als Traumzustände erkennen zu können. Es gibt hierfür zweierlei Methoden. Prana Yoga ist die eine. Es handelt sich um eine sehr fortgeschrittene Praxis, die die Energiekanäle betrifft und für Anfänger ziemlich schwierig ist. Die andere

Methode hat nicht so viel mit Prana Yoga zu tun, sondern besteht mehr darin, den festen Willen zu entwickeln, während des Träumens den Traumzustand als solchen identifizieren zu können. Sie hat auch viel mit der Art der Nahrung, des Verhaltens usw. zu tun.

Die Frau im tibetischen Buddhismus:
Warum gibt es im tibetischen Buddhismus keine als Lama oder Guru anerkannten Frauen?

Tatsächlich gibt es einige sehr hohe Reinkarnations-Institutionen von weiblichen Lamas, wie die von Samdring Dorje Phagmo. Die jetzige Samdring Dorje Phagmo ist die vierzehnte Inkarnation. Diese Institution ist also ebenso alt wie die erste ihrer Art in Tibet, die der Karmapas.

Es gibt also weibliche reinkarnierte Lamas. Sicher, die Mehrheit war und ist männlich. Die Stellung der Frau wurde in der Vergangenheit zugegebenermaßen vernachlässigt. Über ihre Rechte und ihre Position hat man sich im tibetischen Buddhismus einfach nicht viele Gedanken gemacht. Wir haben die bestehenden Zustände für selbstverständlich gehalten. In einem Treffen mit westlichen buddhistischen Lehrern in Dharamsala wurde festgestellt, daß in bestimmten Gebräuchen Vorurteile zum Ausdruck kommen, und ich versprach, eine Konferenz zumindest unter unseren tibetischen Gelehrten und Mönchen zu organisieren, um diese Fragen zu diskutieren.

Im Buddhismus, speziell im Vinaya Sutra, haben Männer und Frauen gleichermaßen Zugang zur höchsten Ordination als Bhikshu und Bhikshuni. Doch es bleibt ein Faktum, daß der Bhikshu höher steht als die Bhikshuni. Im Bodhisattvayana haben alle die gleiche Buddha-Natur. Auch die Fähigkeit, die Ebene von Bodhichitta zu erreichen und die Sechs Paramitas zu praktizieren, ist für alle die gleiche.

Was also den buddhistischen Stand bezüglich der Diskriminierung der Frau, ihrer Rechte und ihrer Stellung angeht, so gibt es keinen Unterschied hinsichtlich der Buddha-Natur und des Potentials zur Entwicklung des höchsten altruistischen Strebens nach Erleuchtung oder der Einsicht in das wahre Wesen der Wirklichkeit und ähnliches.

Es ist aber nicht zu leugnen, daß in einigen buddhistischen Schriften eine gewisse Diskriminierung stattfindet. Im *Abhidharma Kosha*, in dem die Merkmale einer fortgeschrittenen Bodhisattva-Stufe beschrieben werden, scheint beispielsweise eines dieser Merkmale darin zu bestehen, daß die betreffende Person ein Mann zu sein hat. Dies scheint ein gewisses Vorurteil widerzuspiegeln.

Doch wenn wir die Frage vom Höchsten Yoga Tantra aus betrachten, das nach unserem Verständnis die höchste Ebene des Buddhismus darstellt, so gibt es hier keine Unterscheidung bezüglich des Geschlechts, denn die zum Praktizieren nötige Initiation ist ohne die Beteiligung von männlichen und weiblichen Yogis nicht vollständig. Außerdem gibt es im Tantra Vorschriften, die besagen, daß das Herabsetzen einer Frau den Bruch der tantrischen Verpflichtungen bedeutet. Auf dem tantrischen Weg wird die Erleuchtung nur durch eine Praxis des Sich-Ergänzens von Männlichem und Weiblichem möglich. Der Yogi ist auf die Hilfe und Anregung des anderen Geschlechts angewiesen, die Yogini auf Beistand und Stimulierung durch den männlichen Praktizierenden. Wir haben dieses Thema schon berührt, als wir über die Erzeugung von glückseligen Geisteszuständen sprachen, was etwas völlig anderes ist als üblicher Sex. Die Praktizierenden können Erleuchtung in der Gestalt eines Mannes und in der Gestalt einer Frau erlangen.

Ich denke, es ist für die Frauen sehr wichtig,

in den Besitz all ihrer Rechte zu gelangen. Innerhalb der tibetischen Flüchtlingsgemeinschaft in Indien setze ich mich seit Jahren für die Angelegenheiten der Nonnen ein. Sie müssen das Interesse und den Mut haben, so zu studieren wie die Mönche. Während in Tibet früher keines der Nonnenklöster ein Ort für ernsthaftes Studium war, gibt es Legenden aus einer anderen Zeit, in der die Nonnenklöster bedeutende Zentren der Gelehrsamkeit waren. Es hat damals auch philosophische Streitgespräche zwischen Mönchen und Nonnen gegeben, in denen die Mönche die Verlierer waren.

Seit zwanzig Jahren unterstütze ich also in Indien die Seite der Frauen, nun muß auch von ihnen ganz deutlich die Initiative ergriffen werden. Das ist wichtig!

Vorherbestimmung:
Manche Leute sagen, auch wenn wir glauben, eine Entscheidung getroffen und eine Wirkung ausgeübt zu haben, so sind es doch nicht wir, die entscheiden, sondern was geschehen soll geschieht. Wenn das stimmt, wie können wir dann Karma erzeugen, wenn wir doch gar nicht die Entscheidungsfreiheit haben?

Dies scheint mir eine falsche Vorstellung.

Wenn diese fatalistische Ansicht stimmte, wäre die Idee, daß Befreiung oder Erleuchtung möglich ist, vollkommen unsinnig. Weil diese Idee nämlich beinhaltet, daß wir unser Karma total ändern und Buddhaschaft erlangen können. Es handelt sich dabei um eine völlig neue Initiative, die es vorher nicht gab. Dies ist mit spiritueller Praxis, dem Betreten eines spirituellen Weges, gemeint. Wie ich schon sagte, benutzen die Menschen, einschließlich der Tibeter, Karma oft als eine Ausrede. Ich finde das nicht richtig.

Meditation ohne rechte Motivation:
Es richtet großen Schaden an, wenn Meditation mit einer Motivation praktiziert wird, die nicht geläutert ist. Ich bin Leuten begegnet, die eine gewisse geistige Kraft entwickelt haben und diese nun in ichbezogener, ja sogar grausamer Absicht benutzen. Ihr Geist ist verhärtet und blockiert und ihr Herz nicht rein. Gibt es eine Methode für das Lösen dieser in falscher Weise verknoteten Energien?

Es ist wichtig, in sehr ausbalancierter Art und Weise an die Meditation heranzugehen. Aus diesem Grund sprechen wir in den buddhistischen Lehren auch vom «umfassenden Weg». Wenn sich jemand beispielsweise lediglich darauf konzentrierte, Einsicht in die Leerheit zu erzeugen, ohne der Entwicklung der mitfühlenden Aspekte des Geistes allzu große Beachtung zu schenken, könnte das auf einen der niederen Wege führen. Wenn man umgekehrt seine ganze Aufmerksamkeit auf die Entwicklung der mitfühlenden Aspekte richtet, ohne den Weisheits- und Intelligenzaspekt zu beachten, werden das altruistische Streben und die altruistische Einstellung nie richtig zunehmen, weil ihnen die Ergänzung fehlt. Verallgemeinernd könnte man sagen, daß die Praxis des buddhistischen Weges von zwei verschiedenen Seiten angegangen werden kann. Ein Zugang basiert auf der Erlangung eines Verständnisses des gesamten buddhistischen Systems und des Zusammenhangs, in dem seine Hauptelemente stehen. Der andere Zugang könnte als individueller bezeichnet werden. Hier hat man möglicherweise kein allzu großes Verständnis vom gesamten System des buddhistischen Weges, sondern folgt einfach mit gesammeltem Geist den Instruktionen eines erfahrenen Meisters. In diesem Fall wird der Meister unerhört wichtig, er muß wirklich qualifiziert sein. Dies stellt dann einen Ausnahmefall dar.

Blinder Glaube:
Was halten Sie von blindem Glauben auf dem Weg zur Erleuchtung?

Ich denke, daß man damit nicht weit kommt.

Mitgefühl und die Abhängigkeit von anderen:
Wie weit geht unsere Verantwortung, wenn wir versuchen, ein mitfühlendes menschliches Wesen zu sein. Was ist zu tun, wenn sich herausstellt, daß jemand emotional von unserem Mitgefühl abhängig ist? Ist es mitfühlend, jemanden zu verletzen, wenn man der Meinung ist, dies wäre auf lange Sicht gesehen das Beste?

Mitgefühl sollte mit Weisheit gepaart sein. Es ist sehr wichtig, unsere Intelligenz zum Abwägen von zeitweiligen und langfristigen Folgen unseres Verhaltens zu benutzen.

Die Bedeutung, die das Handeln des einzelnen hat:
Ich kann verstehen, wie mein Geist und mein Handeln meine eigenen Ursachen und Bedingungen beeinflussen. Beeinflussen sie auch globale Bedingungen wie Hunger, Armut und die anderen großen Leiden der Wesen? Und wenn ja, wie?

Manchmal halten wir ein individuelles Handeln für völlig wirkungslos. Wir meinen dann, es könne eine bessere Wirkung durch Bündeln und Vereinigen aller Kräfte erzielt werden. Aber solche Gruppenbewegungen setzen sich aus Einzelkräften zusammen. Die Gesellschaft besteht aus einer Ansammlung von Individuen. Die Initiative muß also von ihnen – von den einzelnen Menschen – ausgehen. Wenn nicht jedes Mitglied der Gesellschaft einen Sinn für Verantwortung entwickelt, wird die Gemeinschaft nicht vorankommen. Wir dürfen deshalb auf keinen Fall glauben, die individuelle Anstrengung sei sinnlos. Nie sollten Sie so denken! Wir müssen uns Mühe geben!

Das Studium des Buddhismus:
Würden Sie westlichen Anfängern auf dem buddhistischen Weg raten, langsam vorzugehen oder zu versuchen, soviel wie möglich zu lernen und schnell voranzukommen?

Auch hier kommt es wieder auf den einzelnen Fall an. Manchmal ist ein ausgedehntes und intensives Studium besser und nützlicher. Wir sollten aber eines nicht vergessen: Die spirituelle Entwicklung braucht Zeit, sie geschieht nicht einfach über Nacht. Möglich, daß Ihnen ein Lama sagt: «Wenn du meinen Lehren folgst, wirst du innerhalb von ein, zwei Wochen eine spirituelle Erfahrung erlangen.» Doch das ist Unfug.

Das Klare Licht:
Eure Heiligkeit sprechen über einen angeborenen Klare-Licht-Geist. Dies scheint aus dem Dzogchen zu kommen. Aber das Konzept eines angeborenen Geistes wird von der Madhyamika Prasangika Dialektik verworfen. Von einigen hohen Gelugpa Vertretern sind die Dzogchen-Lehren sogar für häretisch und nicht-buddhistisch erklärt worden. Eure Heiligkeit haben einen Weg entwickelt, diese beiden ziemlich gegensätzlichen Sichtweisen von der letztendlichen Natur zu integrieren. Könnten Sie etwas zur Kompatibilität von Dzogchen und Tsong Kapa sagen?

Ich glaube, Sie irren sich. Vielleicht verwechseln Sie zwei Konzepte, die sehr ähnlich scheinen, tatsächlich aber völlig verschieden sind. Da ist einmal der angeborene Klare-Licht-Geist und dann das, was ich das angeborene Trachten nach einem dauerhaften Selbst genannt habe. Das sind zwei verschiedene Dinge. Das Trachten nach einem dauerhaften Selbst findet immer noch auf der begrifflichen Ebene statt, auf der die Denkvorgänge noch aktiv sind, während der angeborene Klare-Licht-Geist nur auf der allersubtilsten Ebene manifest wird, zu einer Zeit, da das begriffliche Denken bereits zu funktionieren aufgehört hat.

Ob das eigentliche Wesen des Klare-Licht-Geistes noch begrifflich ist oder jenseits davon, darüber gibt es auseinandergehende Meinungen. Ein anderer Unterschied besteht darin, daß der Klare-Licht-Geist innerlich zur Erkenntnis der Natur der Realität erzeugt wird. Es heißt, daß dann, wenn das objektive Klare Licht, die Leerheit, sich mit der subjektiven Erfahrung des Klaren Lichts, also dem angeborenen Klare-Licht-Geist, vereinigt, eine mächtige, dem Trachten nach einem dauerhaften Ich entgegenwirkende Bewußtseinskraft entsteht.

Den Gelugpa-Standpunkt sollten wir eher mit Lama Tsong Kapa, dem Gründer der Gelugpa-Schule, und seinen Hauptschülern identifizieren. In einer der Schriften von Khnanpuje, einem seiner engsten Schüler, wird die Frage der Authentizität und Wirksamkeit der Dzogchen-Sicht über die höchste Natur aufgeworfen. Khnanpuje stellt fest, daß diese Dzogchen-Lehre authentisch ist und definitiv in der Praxis des Höchsten Yoga Tantra angewendet werden kann. Wenn es Kritik an der Dzogchen-Sicht gegeben hat, so deshalb, weil einige

Dzogchen-Anhänger damals anscheinend eine gewisse Nachlässigkeit hinsichtlich der ethischen Grundsätze gezeigt haben.

Wir müssen hier auch über den Gebrauch der Worte Sicht, rechte Sicht, Sicht der Leerheit im Bilde sein. Wenn in den Madhyamika-Schriften die Sicht der Leerheit erwähnt wird, bezieht sich das oft mehr auf ihr Objekt, d. h. die Natur der Wirklichkeit als solche. In der Terminologie des Dzogchen und Mahamudra hingegen ist der Bezugspunkt weniger die Leerheit als die subjektive Erfahrung. Dieser Unterschied ist wichtig und muß gewürdigt werden, weil beim Vergleich der Sicht der Leerheit zwischen Sutra und Tantra vom Standpunkt des Verstehens der Leerheit kein Unterschied besteht. Der Unterschied ergibt sich vom subjektiven Standpunkt her, die subjektive Erfahrung der Leerheit im Tantra gilt als tiefgründiger.

Eure Heiligkeit, wenn Sie drei Wünsche frei hätten, welche wären das?

Das bleibt topsecret!

Der überraschende Tod:
Was passiert mit jemandem, der bei einem Verkehrsunglück stirbt oder ermordet wird?

Ein plötzlicher Tod unter besagten Umständen wird den Betreffenden vermutlich in einen Zustand des Schocks und extremer Angst versetzen. Aber im allgemeinen wird der Geisteszustand in solchen Situationen für neutral gehalten, weder heilsam noch negativ. Forschungsergebnisse über das Phänomen der Wiedergeburt, die sich auf die Zeugnisse von Kindern stützen, die behaupten, sich an ihr früheres Leben zu erinnern, zeigen – und dies ist mir aufgefallen –, daß diese Kinder in vielen Fällen in ihrem früheren Leben einen plötzlichen Tod, z. B. durch ein Unglück, gestorben waren. Vielleicht gibt es hier etwas, was noch mehr erforscht werden könnte. Der Buddhismus hat hierfür, soviel ich weiß, keine besondere Erklärung.

Es ist ungefähr zehn Jahre her, daß ich in Indien zwei kleine Mädchen traf, eines kam aus dem Punjab, das andere aus Uttar Pradesh. Beide waren in ihrem früheren Leben einen abrupten Tod gestorben. Die eine hatte eine wirklich erstaunliche Erinnerung an ihr vergangenes Leben, was dazu führte, daß die Eltern aus dem früheren Leben dieses kleine Mädchen als ihre neue Tochter annahmen, die nun tatsächlich vier Eltern hat! Ich fing an, mich zu fragen, ob da nicht ein Zusammenhang besteht: Beide waren in diesem und im vergangenen Leben weiblich, und beide hatten einen plötzlichen Tod. Ob der Geist von Frauen klarer ist? Ich weiß es nicht. Wenn ja, wird es in Zukunft mehr weibliche Reinkarnationen geben.

Der Unterschied zwischen einem friedlichen und einem gewaltsamen Tod:
Eure Heiligkeit, könnten Sie etwas über den Unterschied zwischen einem friedlichen und einem gewaltsamen, plötzlichen Tod sagen?

Sicherlich ist für Dharma-Praktizierende ein natürlicher Tod besser. Es bleibt mehr Zeit, nachzudenken und zu praktizieren. Dem Tantrayana nach gibt es bestimmte Anzeichen dafür, wenn sich die verschiedenen Elemente auflösen. Wenn der Körper relativ stark ist, sind diese Anzeichen deutlicher, die Praxis ist also einfacher. Bei einem Sterbenden, der infolge einer langen Krankheit sehr geschwächt ist, werden die Anzeichen undeutlicher sein. Bestimmte meditative Techniken des Buddhismus, die Bewußtseinsübertragung genannt werden und vom Praktizierenden erst im letzten Moment angewendet werden sollen, ermöglichen es, bewußt durch den Auflösungsprozeß zu gehen. Aber die Praxis der Bewußtseinsübertragung darf, wie gesagt, erst dann angewendet werden, wenn der Praktizierende wiederholt durch verschiedene Anzeichen Gewißheit über seinen bevorstehenden Tod bekommen hat. Ein natürliches Sterben ist jedoch weit besser.

Koma und die Vorbereitung auf den Tod:
Wenn jemand sich gut auf den Tod vorbereitet hat, macht es dann etwas aus, wenn er oder sie zum Zeitpunkt des Todes im Koma ist? Wird so jemand noch die Bewußtseinsklarheit haben, die Sie als so wichtig bezeichnen?

Hier ein Urteil abzugeben ist sehr schwierig. Ich würde aber vermuten, daß die Fähigkeit, die verschiedenen Anzeichen des Auflösungsprozesses zu erkennen, im Zustand des Komas sehr beeinträchtigt ist, selbst wenn man viel Übung in der Meditation gehabt hat. Das

Unterscheidungsvermögen ist während des Auflösungsvorgangs zwar nicht mit dem groben konzeptuellen Feststellungsvermögen unseres Normalzustands zu vergleichen, doch der Wille, die Zeichen der Auflösung zu erkennen, wird einen Einfluß haben auf unsere Fähigkeit, während des Sterbevorgangs Bewußtheit zu wahren. Es wäre schön, wenn wir dieses Phänomen näher erforschen könnten, um beispielsweise herauszufinden, ob die Fähigkeit, im Zustand des Klaren Lichts zu verweilen, bei jemandem, der in der Meditation geübt ist, durch die Tatsache, daß er krank ist und im Koma liegt, beeinträchtigt wird.

In der Tat ist vor einigen Jahren ein Team von Wissenschaftlern in Dharamsala erschienen und hat ein paar Experimente durchgeführt. Sie wollten Untersuchungen über den Todesvorgang anstellen und hatten dazu einen Apparat mitgebracht. Aber wer kann vorhersagen, wer wann sterben wird und wer diese Erfahrung hat! Niemand! Das ist das Problem. Danach hat es einige Fälle gegeben, in denen der Körper von Verstorbenen nicht verwest ist. Dieser Zustand hat einmal eine Woche lang gedauert, in anderen Fällen noch weit länger. Als dies geschah, war niemand da, um Experimente durchzuführen. Und als die Wissenschaftler mit ihrer Ausrüstung da waren, starb niemand. Ein schwieriger Job!

Aids, Haß und Tod:
Eure Heiligkeit, ich bin HIV-positiv und voller Haß, der mich daran hindert, dem Tod mit Gleichmut ins Auge zu sehen. Was hilft gegen diesen Haß?

Das ist ein Problem. Übrigens ist auch die Haltung der Gesellschaft, mit ihrer Tendenz die HIV-Positiven auszugrenzen, für die Betroffenen, die schon genügend entmutigt sind und wenig geistige Kräfte haben, nicht sehr förderlich. Wer hingegen eine spirituelle Praxis, wie die buddhistische Praxis hat, kann sehen, daß dieses Leben nicht das einzige ist und daß das Ende dieses Lebens nicht ein Ende für immer ist. Außerdem ist jede Erfahrung und jedes Vorkommnis in diesem Leben unserem eigenen Verhalten oder Karma nicht nur in früheren, sondern auch in diesem Leben zu verdanken. Dem Gesetz von Ursache und Wirkung zufolge sind diese unglücklichen Dinge unseren eigenen früheren Taten zuzuschreiben. Dies zu wissen, kann auch in gewisser Weise als Trost wirken.

Ich habe von tibetischen praktizierenden Buddhisten, die an tödlichen Krankheiten litten, gehört, daß es eine große Erleichterung sein kann, wenn der Arzt auf die Frage, ob eine Heilung möglich ist oder nicht und wie lange es noch dauern wird, eine ehrliche Antwort gibt. Man kann dann sein Leben neu ausrichten und die richtigen Prioritäten setzen. Ich denke also, es hängt viel von der eigenen spirituellen Praxis ab. Ohne diese – ich weiß nicht – ist es schwierig.

Euthanasie:
Würden Sie in Fällen von tödlichen Krankheiten bei einem langen Todeskampf Sterbehilfe verdammen?

Auch dies ist sehr kompliziert. Und auch hier kommt es sehr auf den einzelnen Fall an. Für den Praktizierenden sind Situationen wie diese eine Folge des eigenen Verhaltens, also muß früher oder später durch diese schmerzhaften Erfahrungen gegangen werden. Es ist dann weit besser, die Leiden im Besitz eines menschlichen Körpers durchzumachen, denn Ärzte und Schwestern können uns dabei zur Seite stehen. In einer anderen Daseinsform haben wir diese Erleichterungen nicht, und dann wird diese Erfahrung wirklich hoffnungslos. Dies ist ein Gesichtspunkt, unter dem man die Frage sehen kann.

Auf der anderen Seite kann die Situation dadurch extrem kompliziert werden, daß keinerlei Hoffnung auf Besserung besteht, der komatöse Zustand sehr lange andauern kann und die hohen anfallenden Kosten zusätzliche Probleme schaffen. Eine derartig ausweglose Lage könnte vielleicht ein Ausnahmefall sein – schwer zu sagen. Ich denke, die Entscheidung muß mit Rücksicht auf den individuellen Fall getroffen werden.

Es lassen sich vielleicht gewisse Ähnlichkeiten zwischen der buddhistischen Praxis der Bewußtseinsübertragung und der Sterbehilfe erkennen, wobei der Unterschied ist, daß man die Bewußtseinsübertragung selbst ausübt. Darüber hinaus gibt es auch einen Unterschied hinsichtlich des Ziels. Im Falle der Sterbehilfe wird es das Motiv sein, jemanden von extremen Schmerzen und den Qualen des Todeskampfes zu befreien, während die Bewußtseinsübertragung mehr zum Ziel hat, die Gelegenheit zu nutzen, solange die Anzeichen für den Auflösungsprozeß der Elemente noch erkennbar sind.

Der Umgang mit den Schmerzen im Tod:
Haben Eure Heiligkeit einen Rat, wie mit den Schmerzen beim Sterben umzugehen ist?

Für jemanden, der praktiziert hat, können sich hier die Früchte der Praxis zeigen. Ansonsten ist sehr schwer zu sagen, was zu diesem Zeitpunkt wirklich helfen kann. Deshalb sind diese Methoden – von Jugend an geübt – so nützlich, einerlei ob man voll dazu qualifiziert ist oder nicht. Man sollte sich so an die Praxis gewöhnt haben, daß man sie dann, wenn die Zeit gekommen ist, mühelos anwenden kann. Das ist der richtige Weg. Wenn wir unsere Praxis erst dann ernstnehmen, wenn die Lage wirklich auswegslos ist, wird es zu schwierig sein und zu spät.

Es kommt alles darauf an, wie sehr wir uns mit gewissen Übungen vertraut gemacht haben. Wenn Sie in den verschiedenen Techniken Übung haben – beispielsweise in der Meditation über Liebe und Mitgefühl, in der Meditation über die Identitätslosigkeit der Phänomene und in der Meditation über die vergängliche Natur des Existierenden –, und wenn Sie die Praxis des Hergebens und Auf-sich-Nehmens geübt haben, d. h. das eigene Glück und Wohl gegen das Leiden und die Qual anderer einzutauschen, können Sie zur Zeit des Todes nacheinander über diese Übungen nachdenken oder sich ganz auf eine davon konzentrieren. Weil Sie eine lange Übung darin haben, werden Sie nun in der Lage sein, Ihren Geist oder Ihr Bewußtsein fast ausschließlich auf die Praxis zu konzentrieren, mit dem Ergebnis, daß Sie die Schmerzen weniger spüren. Wenn Ihre Konzentrationskraft groß ist, können Sie sie auf die schmerzenden Bereiche lenken und besondere Meditationsübungen anwenden: Das Visualisieren von weißem Licht oder subtilen Energietropfen oder bestimmten Objekten und Mantras usw. über der schmerzenden Stelle hilft, die Schmerzen zu mildern. Wenn Ihnen diese Vertrautheit mit der Praxis fehlt, ist schwer zu sagen, mit welcher Methode sich die Schmerzen überwinden lassen könnten.

Karma und unnötige Lebensverlängerung:
Im Anschluß daran, was Sie über Karma sagten: Welches ist die karmische Verantwortung derer, die im medizinischen Bereich tätig sind, hinsichtlich eines Eingreifens in den Todesprozeß oder seines Verhinderns oder einer unnötigen Lebensverlängerung?

Ganz allgemein besteht für mich kein Widerspruch zwischen der Hilfe, die Sie einem Patienten geben, damit er am Leben bleibt, und der daraus resultierenden karmischen Verantwortung, denn vom Buddhismus aus gesehen, ist der Tod ein Resultat vieler Faktoren, nicht nur des Karmas. Die Erfahrung des Todes kann als karmische Konsequenz eintreten, wenn das karmische Potential sich erschöpft hat. Gelegentlich kann der Tod unzeitig sein, als Folge von bedingenden Umständen. Und manchmal kann der Tod eintreten, nicht weil das Karma sich erschöpft hat, sondern weil das Potential an angehäuftem Verdienst aufgebraucht ist. In ähnlicher Weise unterscheiden sich die Krankheiten: Es gibt karmisch verursachte Krankheiten und andere, deren Hauptbedingung oder Ursache entweder mehr äußerlich oder aber innerlich ist.

Der karmisch bedingte Tod läßt sich trotz des Einsatzes aller Mittel nicht verhindern. Aber auch beim plötzlichen Tod, dessen Bedingungen eher als äußerlich angesehen werden können, spielt das Karma eine Rolle. Und auch im Falle der Verlängerung des Lebens ist die Tatsache, daß diese Möglichkeit gegeben ist, in gewisser Weise karmisch bedingt.

Es fällt mir übrigens auf, daß viele – und auch Tibeter – Karma als eine Art Ausrede benutzen und keine Initiative ergreifen. Ich halte das für absolut falsch. Von wem wird denn Karma geschaffen? Doch von uns selbst, durch unser eigenes Tun! Wenn ich beispielsweise etwas aufschreiben will, werden gerade durch diese Handlung neue Umstände geschaffen und Ursachen für etwas anderes. Dies ist Ursache und Wirkung! Ursache und Wirkung! Es ist falsch, zu meinen, Karma sei eine Art eigenständiger Energie. Unser tägliches Leben, unser gutes Essen, unsere Arbeit, unsere Erholung – alles durch unser Tun! Wessen Tun? Unser Tun! Ich glaube wirklich, daß es sehr viel Mißverständnis gibt, wenn von Karma die Rede ist.

Selbst wenn Sie schon viel negatives Karma angehäuft haben, so bleibt Ihnen immer noch die Möglichkeit, negatives Karma durch heilsames Karma zu ersetzen. Alles hängt von unserem eigenen Tun ab. Dies zu wissen ist für Buddhisten wichtig. Echte praktizierende Buddhisten sind überzeugt vom Vorhandensein der Buddha-Natur, die es möglich macht, volle Erleuchtung, einen Zustand der Vollkommenheit zu erreichen. Wenn das möglich ist, warum sollten dann nicht auch Sie die Überzeugung haben, Ihre verschiedenen Probleme bewältigen zu können?

Das Gesetz vom Karma ist von einer derartigen Komplexität, es sind derartig viele Gesichtspunkte zu beachten, daß man nicht verallgemeinernd sagen kann, alles sei ein Produkt oder eine Folge des Karma. Nehmen wir als

Beispiel meine Hand. Es ist evident, daß sie eng mit meinem physischen Erfahrungen von Schmerz und Vergnügen verbunden ist. Wenn wir zur physischen Ursache meiner Hand zurückgehen wollten, müßten wir zum Anfang aller Zeiten zurückgehen. Meine Hand ist ein materielles Phänomen oder das Produkt eines materiellen Phänomens, das sich immer weiter zurückführen läßt bis zum Zustand des reinen Atoms oder Teilchens. In der buddhistischen Literatur wird dieses Atom Raum-Teilchen genannt. Dieses winzige Teilchen hat sich als Resultat eines sich über Milliarden von Jahren hinziehenden Evolutionsprozesses zu diesem belebten physischen Körperteil entwickelt, der als Basis für das Aufkommen von Gefühlen wie Schmerz und Vergnügen dient. Die Tatsache, daß dieser Körper *mein* Körper ist, kann als karmisch betrachtet werden. Nicht als karmisch zu betrachten ist hingegen die Tatsache, daß dieser Körper das Resultat eines anfangslosen Kontinuums von materiellen Teilchen ist. Hierbei handelt es sich einfach um ein Naturgesetz. Materielle Dinge stammen ab von Materiellem.

Ähnlich zentrale Unterscheidungsmerkmale gibt es auch zwischen Materie und Geist. Physisches ist undurchlässig, Geistiges hat die

Natur von Klarheit, Leuchten und Wissen. Daß beides existiert, ist einfach ein Naturgesetz, und man kann nicht sagen, Karma sei dafür verantwortlich.

In Berücksichtigung dieser Komplexität der Realität werden in den Schriften des Mahayana-Buddhismus vier verschiedene Ansätze zur Klärung der Frage nach dem Wesen der Wirklichkeit aufgezeigt. Ein Zugang besteht in der logischen Schlußfolgerung, die auf der Grundlage unseres Verständnisses der letzten Natur der Realität gezogen wird. Sie kann nur auf der Basis des Prinzips der Interdependenz zur Anwendung kommen, d.h. wenn zwischen den Phänomenen ein bestimmter kausaler Zusammenhang besteht. Weil beispielsweise Geist und Materie verschiedene Merkmale haben und auf unterschiedliche Weise existieren, ist das Prinzip der Interdependenz möglich. Die Tatsache, daß solche Unterschiede bestehen, ist dem Mahayana-Buddhismus zufolge ein Naturgesetz. Wann der Einfluß des Karma bestimmend ist und wann etwas dem Mechanismus des Naturgesetzes zuzuschreiben ist, läßt sich also schwer feststellen und bleibt eine offene Frage. Wir müssen uns um ein Verständnis bemühen, aber es bleibt sehr schwierig.

Der Tod von Freunden:
Ihren eigenen Tod betrachten Sie mit Gleichmut und in Frieden. Was ist mit dem Tod Ihrer Freunde?

Ich weiß nicht... Was meine eigenen Gefühle angeht, ja, manchmal bin ich sehr, sehr traurig. Besonders traurig war ich, als mein älterer Bruder, Lobsang Samten, starb. Er war unter meinen Brüdern und Schwestern derjenige, mit dem ich als Kind die meiste Zeit verbracht hatte, besonders als ich von meinem Geburtsort nach Lhasa kam. Die Reise dauerte mehr als zwei Monate. Wissen Sie, was eine Sänfte ist? Es gab eine kleine Sänfte, in der wir zwei Brüder saßen. Wir waren sehr ausgelassen, und wenn wir uns beide auf eine Seite drängten, kippte das Ganze und sofort fing der Verantwortliche draußen an zu brüllen: Hört auf! Hört auf! Der arme Mann, er war nicht sehr glücklich mit uns. Für ihn war es am besten, wenn wir beiden Brüder uns stritten, dann saßen wir nämlich säuberlich getrennt jeder auf seinem Platz, und das Ding blieb im Gleichgewicht! Ich war wirklich sehr, sehr traurig, als mein Bruder starb. Aber schließlich ist es unabänderlich. Nach seinem Tod habe ich mich gelegentlich gefragt: «Wo mag seine Wiedergeburt sein? In dieser Welt oder anderswo?

Und wenn in dieser Welt, wo dann?» Manchmal kommen solche Gefühle.

Der Zwischenzustand:
Sie haben einen Zwischenzustand zwischen Tod und Wiedergeburt beschrieben. Ist dieser an irgendeinen physikalischen oder biochemischen Prozeß gebunden oder unabhängig davon?

Nach den Texten ist es ganz klar, daß solch ein Zwischenzustand keinen Zusammenhang mit dem Körper hat. Es wird gesagt, daß der Körper im Zwischenzustand kein physischer ist, sondern einer, dessen Natur subtile Energie ist, der aber auch eine Art von Farbe und Form hat. Zur Beschreibung wird der Traum-Körper herangezogen, von dem es heißt, daß in der Meditation Fortgeschrittene ihn während des Traumzustands annehmen können. Dieser soll dem Körper eines Wesens im Zwischenzustand sehr ähnlich sein.

Was die feinstoffliche Energie oder einige Aspekte des feinstofflichen Geistes angeht, so sieht man Farben oder manchmal Formen. Es handelt sich um eine komplizierte Angelegenheit, doch es scheint die äußeren und die inneren fünf Elemente zu geben, und bei den inneren Elementen scheint es die gröbere Ebene der fünf Elemente und darüber hinaus die allersubtilsten Elemente zu geben. Auf der allerfeinstofflichsten Ebene gibt es das Klare Licht. Das Klare Licht ist ein Aspekt; ein anderer Aspekt ist die feinstoffliche Energie. In dieser Energie liegt eine Art von Samen dieser fünf Elemente verborgen. Wenn wir also das Klare Licht als Grundlage aller Existenz betrachten, so denke ich, daß es eine gewisse Verbindung zu den äußeren, festen Dingen und dem Klaren Licht gibt. In der tibetischen buddhistischen Literatur wird eine besondere energetische Kraft erwähnt, die Energie mit Fünf Strahlen genannt wird, und ich denke, daß ein Zusammenhang zwischen der makroskopischen Welt unserer alltäglichen Erfahrungen und der mikroskopischen Welt der feinstofflichen Energie besteht. Diese Verbindung kann verstanden werden, wenn man die Natur dieser besonderen in den Texten erwähnten energetischen Kraft versteht. Um unser Verständnis dieses Zusammenhangs zu vertiefen, ist es äußerst entscheidend, festzustellen, ob es irgendwelche auffallende Verbindungen zwischen dieser besonderen energetischen Kraft und dem, was ich als Raumteilchen beschrieben habe, gibt. Was mich angeht, so habe ich bis jetzt noch keine ganz klare Vorstellung davon.

Über die Lage in Tibet

Die Überzahl der chinesischen Nichtbuddhisten in Tibet:
Wenn Sie in ein unabhängiges Tibet zurückkehren würden, wäre es dann nicht schwierig, die buddhistischen Grundsätze des Mitgefühls mit der Tatsache in Einklang zu bringen, einen Staat mit einer erweiterten chinesischen, nichtbuddhistischen Bevölkerung zu regieren?

Im Laufe der letzten zwanzig Jahre ist ein ständiger Niedergang festzustellen, was die tibetische Kultur und den tibetischen Lebensstil angeht. Von unseren chinesischen Brüdern und Schwestern ganz abgesehen besteht auch für die Tibeter Gefahr. Bei manchen jungen Tibetern, die während der letzten Jahre aus Tibet geflohen sind, machen mir gewisse Aspekte des Verhaltens zunehmend Sorgen. Sie fangen sofort an zu streiten und gewalttätig zu werden, und in den letzten Monaten hat es zwei Mordfälle gegeben, in die junge, aus Tibet geflüchtete Tibeter, verwickelt waren. Alle anderen Seiten ihrer Motivation sind einwandfrei, aber ihre Bescheidenheit und mitfühlende Einstellung ist in der Rückentwicklung begriffen. Auch in Indien, unter unserer eigenen Bevölkerung, passieren nun solche Dinge! Wegen dieser Vorkommnisse mache ich mir ernste Sorgen. Was geht in Tibet, meinem Land, eigentlich vor?

Doch da es nun mal so ist, müssen wir damit fertigwerden. Ich bin sicher, daß wir diese Entwicklung in Grenzen halten können, wenn wir wieder unsere Freiheit haben, Redefreiheit, Gedankenfreiheit und die Freiheit, uns dorthin zu begeben, wo wir hinwollen. Dann, wenn wir unsere Freiheit haben werden, werde ich allerdings nicht mehr an der Spitze der tibetischen Regierung stehen; diese Entscheidung ist endgültig. Wir haben ein offizielles Dokument erarbeitet, das besagt, daß ich, sobald ich in ein freies Tibet zurückkehre, meine Rechte als Staatsoberhaupt an eine Interimsregierung übergeben werde. Diese Interimsregierung wird innerhalb von zwei Jahren ein tibetisches Parlament aufbauen, von dem dann die tibetische Verfassung ausgearbeitet wird. Dies ist alles bereits entschieden.

Die zukünftige Rolle des Dalai Lama in Tibet: Sie sagen, Sie seien besorgt über die sich ändernden Sitten der jungen Tibeter. Ich frage mich, warum Sie dann entschieden haben, ihre historische Autori-

tät in Tibet aufzugeben. Man könnte doch meinen, die tibetische Jugend bedürfte eher einer spirituellen Führung als einer politischen.

Daß ich nicht mehr tibetisches Staatsoberhaupt sein werde, heißt nicht, daß ich meine moralische Verantwortung aufgebe. Selbstverständlich ist es meine Pflicht als Tibeter, in den soviel Vertrauen gesetzt wird, der Menschheit und besonders jenen, die mir ihr Vertrauen geben, bis zu meinem letzten Atemzug zu helfen und zu dienen. Der Grund, warum ich nicht mehr die Regierungsverantwortung tragen will, ist, daß ich jetzt Ende Fünfzig bin. Ich habe vielleicht noch zwanzig Jahre aktiven Lebens vor mir, dann bin ich zu alt. In der tibetischen Exilgemeinschaft in Indien bauen wir bereits das demokratische System auf, das innerhalb der nächsten zwanzig Jahre eingerichtet sein muß. Andernfalls haben wir in der Anfangsphase Schwierigkeiten und Störungen. Diese schwierige Anfangsphase sollte sich, solange ich noch lebe, abspielen. In der ferneren Zukunft werden die Dinge dann einfacher sein.

Ich glaube auch, es würde indirekt die gesunde demokratische Entwicklung stören, wenn ich weiterhin die Verantwortung trüge – wie sich das viele Tibeter wahrscheinlich wünschen mögen. Ich habe deshalb entschieden, daß ich nicht mehr aktiv dabeisein werde. Das hat auch noch einen anderen Vorteil: Wenn ich Staatsoberhaupt bliebe, könnte dies im Falle von eventuellen Problemen zwischen der tibetischen Zentralregierung und den örtlichen Verwaltungen die Lage komplizieren. Als dritte Person kann ich helfen, solche ernsten Angelegenheiten zu lösen.

Auch störe ich mich persönlich an zeremoniellen Dingen. Ich mag sie nicht, und sie sind eine zusätzliche Last. Ich möchte mehr Freiheit haben, ohne Protokoll hinzugehen, wo ich will. Das ist einfacher und besser, nicht? Dies sind die Gründe für meine Entscheidung. Meine Verantwortung und meine Verpflichtungen werde ich nicht aufgeben.

Der Einsatz von Gewalt für die Befreiung Tibets: Wenn Sie Ihren Glauben an die Gewaltlosigkeit aufgeben könnten, würde dann nicht das Leiden des tibetischen Volkes eher ein Ende finden?

Nein, das glaube ich nicht. Es würde nur zu noch mehr Gewalt führen. Hilfreich könnte nur die Publizität sein, die sich daraus ergeben würde. Das wichtigste aber ist, daß Tibet und China zusammenleben müssen, ob wir es wollen oder nicht. Aus diesem Grund, um eines harmonischen, friedlichen Zusammenlebens in der Zukunft willen, ist es so wesentlich, daß der Kampf des tibetischen Volkes um seine Freiheit gewaltlos geführt wird.

Ein weiterer ganz entscheidender Punkt besteht darin, daß die endgültige Lösung von den Chinesen und Tibetern selbst gefunden werden muß. Dafür benötigen wir Unterstützung von seiten des chinesischen Volkes. Es haben uns im Laufe der Zeit mehr und mehr Chinesen – und nicht nur solche, die außerhalb Chinas leben – ihre Sympathie für den von uns eingeschlagenen Weg der Gewaltlosigkeit ausgesprochen. Obwohl sie es manchmal immer noch schwierig finden, Tibets Unabhängigkeit zu unterstützen, schätzen sie doch zutiefst die Art, wie wir unseren Kampf führen. Ich halte das für sehr wertvoll. Würden die Tibeter zu den Waffen greifen, ginge uns diese Unterstützung sofort verloren.

Hilfe für Tibet:
Eure Heiligkeit, wie kann man am besten die tibetische Sache unterstützen?

Ich fühle mich sehr ermutigt durch die außerordentliche Unterstützung verschiedener Staaten. Trotzdem brauchen wir mehr aktive Hilfe. Wissen Sie, die tibetische Frage betrifft nicht nur die Menschenrechte, sondern auch sehr stark Umweltprobleme und das Thema der Kolonialisierung. Im Augenblick ist der Zuzug von chinesischen Siedlern das Hauptproblem. Um diese demographische Veränderung zu stoppen, benötigen wir mehr Beistand. Das ist sehr, sehr wichtig, und wir sind für jede Form von Unterstützung außerordentlich dankbar.